MASP 1970
O PSICODRAMA

Dados Internacionais de Catalogação na Publicação (CIP)
(Câmara Brasileira do Livro, SP, Brasil)

Cepeda, Norival Albergaria
   Masp 1970 : o psicodrama / Norival Albergaria Cepeda, Maria Aparecida Fernandes Martin. — São Paulo : Ágora, 2010.

   ISBN 978-85-7183-072-1
   Bibliografia

   1. Congresso da Comunidade Terapêutica (1. : 1970 : São Paulo) – História 2. Congresso Internacional de Psicodrama (5. : 1970 : São Paulo) – História 3. Museu de Arte de São Paulo – 1970 4. Psicodrama 5. Psicodrama – Brasil – História 6. Psicodrama – Congressos I. Martin, Maria Aparecida Fernandes. II. Título.

10-06810   CDD-616.891523

Índices para catálogo sistemático:

1. Brasil : Psicodrama : Psicoterapia :
   Medicina : História   616.891523
2. Brasil : Psicoterapia : Psicodrama :
   Medicina : História   616.891523

Compre em lugar de fotocopiar.
Cada real que você dá por um livro recompensa seus autores
e os convida a produzir mais sobre o tema;
incentiva seus editores a encomendar, traduzir e publicar
outras obras sobre o assunto;
e paga aos livreiros por estocar e levar até você livros
para a sua informação e o seu entretenimento.
Cada real que você dá pela fotocópia não autorizada de um livro
financia um crime
e ajuda a matar a produção intelectual em todo o mundo.

MASP 1970
O PSICODRAMA

Norival Albergaria Cepeda
Maria Aparecida Fernandes Martin

Masp 1970
O psicodrama
Copyright © 2010 by Norival Albergaria Cepeda e Maria Aparecida Fernandes Martin
Direitos desta edição reservados por Summus Editorial

Editora executiva: **Soraia Bini Cury**
Editora assistente: **Salete Del Guerra**
Assistente editorial: **Carla Lento Faria**
Capa: **Nelson Mielnik**
Imagens de capa: **Íris Soares de Azevedo (participantes do congresso)**
Morio – Wikimedia Commons (fachada do Masp)
Projeto gráfico e diagramação: **Acqua Estúdio Gráfico**
Impressão e acabamento: **Sumago Gráfica Editorial**

Editora Ágora
Departamento editorial
Rua Itapicuru, 613 — 7º andar
05006-000 — São Paulo — SP
Fone: (11) 3872-3322
Fax: (11) 3872-7476
http://www.editoraagora.com.br
e-mail: agora@editoraagora.com.br

Atendimento ao consumidor
Summus Editorial
Fone: (11) 3865-9890

Vendas por atacado
Fone: (11) 3873-8638
Fax: (11) 3873-7085
e-mail: vendas@summus.com.br

Impresso no Brasil

Ao meu pai, José, minha mãe, Sonia, minha irmã Soninha, meu irmão Ademir e sua esposa Katia, integrantes de meu significativo alicerce familiar.

Ao Alfeu Marcato e ao Victor Dias, psicoterapeutas e supervisores, valiosos agentes terapêuticos em meu desenvolvimento humano e profissional.

A todas as pessoas coparticipativas nos caminhos do trabalho psicoterápico, docência em psicodrama, estudo, amizade e amor.

Norival Albergaria Cepeda

Aos meus pais, Francisco e Amélia, meu irmão Toninho e sua esposa Suely (irmãzinha de coração), base de fundamental importância, e minha tia Santina, que desde cedo me estimulou a estudar.

Ao meu marido Marcelo, incentivador maior, e meus filhos Marco Antonio, Lucas e Beatriz, que toleram minhas ausências e vibram com as conquistas.

A todos os mestres que contribuem para o meu desenvolvimento, em especial José M. D'Alessandro e Maria Alicia Romaña, meus pais psicodramáticos.

Aos amigos, alunos e pacientes, cada um em sua singularidade, fontes inesgotáveis de estímulo nesta caminhada.

Maria Aparecida Fernandes Martin

AGRADECIMENTOS

- Carlos Borba, coordenador do projeto "Memória do psicodrama no Brasil", e sua equipe, composta de Ronaldo Pamplona da Costa, Annita Costa Malufe e Lia Fukui, pela criação desse louvável trabalho, que legitima os pioneiros.
- Federação Brasileira de Psicodrama (Febrap), pelo acesso aos vídeos produzidos por Carlos Borba e a outros de seu acervo, fundamental fonte de informações históricas, sem a qual não realizaríamos nossa pesquisa.
- Alfredo Correia Soeiro, pela disponibilidade e satisfação em compartilhar conosco suas experiências e trajetória profissional, contribuindo com três depoimentos escritos.
- Íris Soares de Azevedo, pela oferta de suas histórias e fotografias do Congresso de 1970.
- Antonio Carlos Cesarino, pela lembrança, em conversa agradável, dos relevantes acontecimentos que integram este trabalho.
- Jaime Rojas-Bermúdez (localizado por e-mail), pela resposta rápida às informações solicitadas.
- Vivien Bonafer Ponzoni, pelo empréstimo de um vídeo com entrevista de José Manoel D'Alessandro.
- Madalena Cabral Rehder, pela doação de um vídeo com depoimentos de importantes pioneiros.
- Herialde Oliveira Silva, pela entrevista de quase duas horas, demonstrando seu conhecimento e sensibilidade.
- Annita Malufe, por sua essencial colaboração, incluindo o empréstimo do programa científico do Congresso do Masp.

- José Fonseca Filho, com sua excelente memória, pelo esclarecimento de fatos e do contexto sociopolítico da época, brindando-nos com três entrevistas repletas de valiosas informações, dignas de serem registradas para a perpetuação na história.
- Wilson Castello de Almeida, que, com seu profissionalismo e dom de expressar o que sabe com cuidado e afeto, não só incentivou e valorizou nosso projeto, como também nos auxiliou a convertê-lo em ação, na criação deste livro.

SUMÁRIO

Prefácio – Memória e fantasia 13
Wilson Castello de Almeida

Apresentação – Um congresso libertário numa sociedade reprimida 19

1. A germinação das ideias morenianas em terras brasileiras

Moreno e o psicodrama 23
O aquecimento preparatório no Brasil 26
Os semeadores 27
Os congressos internacionais de psicodrama 35
O retorno de Íris do Congresso da Espanha 36
A repercussão do primeiro psicodrama público em São Paulo 38
Di Loreto e Michael Schwarchild convidam Bermúdez 40
Nasce o Grupo de Estudos de Psicodrama de São Paulo (GEPSP): 1968 a 1970 .. 42
As aulas de Bermúdez 43
O legado intelectual de Bermúdez 45
No cenário, as duas cadeiras-símbolo 49
A vivência relacional dos aprendizes 50
O momento político brasileiro 51
No mundo surge a contracultura 52
Em Buenos Aires, o Congresso de 1969 54
Uma inventiva educadora introduz o psicodrama pedagógico no Brasil:
   Maria Alicia Romaña 57
Novíssimos grupos do GEPSP: NN 59
O GEPSP publica a primeira revista de psicodrama do mundo 60

2. O Masp mostra obras de psicodrama

No centro da Paulista, o dinâmico e belo Masp 65
O encontro de Íris e Uzeda com Lina Bo Bardi 67
O projeto cenográfico do congresso e sua criadora, Lina Bo Bardi 68
Por que um congresso de comunidades terapêuticas acoplado a um congresso de psicodrama? 69
Eis o V Congresso Internacional de Psicodrama e o I Congresso de Comunidade Terapêutica 71
Na abertura dos congressos, a diplomação dos primeiros brasileiros psicodramatistas 72
O rol de certificados 95
Em que ponto se dá a convergência entre o *Living Theatre* e o psicodrama? 104
Compartilhando comentários sobre o congresso 106

3. Na virada de 1970

A despedida do GEPSP 129
Novas instituições brasileiras: ABPS e SOPSP 132
As primeiras escolas de psicodrama pedagógico 134
O psicodrama na mídia 135
O Congresso de Tóquio em 1972 137
Os encontros argentino-brasileiros 139
No Instituto Sedes Sapientiae, o aquecimento para a Febrap 140
A Federação Brasileira de Psicodrama 140
A primeira revista da Febrap 143
Nasce a *Revista Brasileira de Psicodrama* 145
Tributo à memória dos mestres Uzeda e D'Alessandro 146
Notas atuais sobre os profissionais do grupo diretor do Congresso do Masp .. 154
Instituições nacionais de psicodrama congratulam o V Congresso Internacional 155

4. As palavras dos filhos

Ode aos pioneiros 161

Epílogo 163
Referências bibliográficas 167

Existe um laço
Entre mim e os homens,
Entre mim e cada homem, individualmente,
Entre ti e todos os outros homens,
Entre a tua raça e todas as raças,
De qualquer tempo, no passado ou no futuro.

J. L. Moreno

PREFÁCIO
MEMÓRIA E FANTASIA

> Vítimas, enfim, fomos todos nós desse medo geral que se apossou do país, que transformou cada qual e fez que praticamente todos enterrassem a cabeça na areia para não ver ao redor.
>
> Flávio Tavares (2005)

Inauguro o prólogo agradecendo a Maria Aparecida Fernandes Martin e Norival Albergaria Cepeda pelo afetuoso convite para ser padrinho deste importante livro de memórias do movimento psicodramático brasileiro, aproveitando para dar-lhes os parabéns, com entusiasmo.

Valeu, amigos.

Ao ser convidado, perguntei-me por que eles haviam me escolhido. Uma hipótese por mim levantada relaciona-se com a neutralidade com que sempre me postei diante das alas "políticas" construídas em certo momento da estruturação do psicodrama no Brasil.

Ao checar a intenção dos autores, percebi que eles me atribuíam uma paixão pelo Congresso de 1970, expressa em escritos e conversas, e que não lhes passara despercebida. Então, desejavam o meu testemunho na qualidade de congressista que o fora, simplesmente, na condição de aluno.

Aí, tudo fez sentido.

Aceitei relembrar, especificamente, o clima emocional do encontro, talvez a face mais intrigante do evento, a ser obrigatoriamente registrada.

Dispus-me a tentar contar para as novas e futuras gerações sobre o notável bulício de ordem política e sentimental que envolveu não só a família psicodramática, mas toda a intelectualidade paulistana daqueles tempos. É função dos mais velhos deixar registrados os fatos e as versões, antes de se transformarem em ficção. É o que me proponho a fazer, atrevidamente: os fatos e as versões segundo o meu viés.

O ano de 1970 fora para mim particularmente decisivo na formação da carreira médica. Exatamente nesse ano, vindo de Minas, comecei a residência em psiquiatria no Instituto de Psiquiatria do Hospital das Clínicas, para realizar um sonho da juventude: ser psiquiatra. Nós, mineiros, temos uma admiração embevecida pela cidade e pelo estado de São Paulo, e a sua universidade estadual, a USP, é ícone respeitado e cobiçado. Após a residência, tornei-me médico assistente por concurso, sendo alçado à condição de preceptor de ensino e, depois, em regime de pós-graduação, contemplei-me com o diploma de mestre em Psiquiatria pela USP.

Ainda trabalhando como residente no HC, conheci o querido colega Ronaldo Pamplona da Costa, um jovem irrequieto, inteligente e bem informado. Já iniciado no psicodrama, ele convidava-me para reuniões e palestras sobre o tema e, assim, fez a cabeça do mineirinho. De repente, não mais do que de repente, naquela altura dessa trajetória, me vi capturado por um ideário novidadeiro e transformador do campo das psicoterapias: o psicodrama.

Com espírito de plena adesão, participativo e colaborativo, inscrevi-me no congresso histórico que siderava mentes e corações, transformado em estuário das angústias contidas do país em busca de liberdade. Obrigado, amigo Ronaldo.

O ano de 1970 deve ser compreendido como uma sequência do legado mítico de 1968 e 1969, em seu sonho coletivo de mudanças na ordem social. Se a memória pessoal não me trair, vejamos em flashes o que acontecera naqueles idos.

A Primavera de Praga, a Marcha dos 100 mil no Rio de Janeiro, o assassinato de Martin Luther King, os ataques terroristas contra a peça teatral *Roda-viva*, de Chico Buarque, a minissaia de Mary Quant, novas formas de constituição das famílias, a pílula anticoncepcional, o triunfo político dos vietcongues com a Ofensiva do Tet, o primeiro transplante de coração, feito pelo doutor Barnard, na África do Sul, o auge do cinema novo com Glauber Rocha, o engajamento de parte da Igreja Católica com a teologia da libertação, o III Festival Internacional da Canção com o hino cívico *Caminhando*, de Geraldo Vandré, a liberação sexual, a filosofia hippie e a contracultura ("underground", dizíamos), o *gay power*, o *women's lib*, Bob Dylan, Joan Baez, Mercedes Sosa, o XXX Congresso da UNE em Ibiúna (SP), o exílio de Caetano Veloso e Gilberto Gil – e tantos outros acontecimentos a nos causar espanto, como a mobilização popular de maio de 1968 em Paris, a morte de Carlos Marighella numa emboscada, o desembarque do homem na Lua, o "hino da resistência" *Apesar de você*, de Chico Buarque, e o Festival de Woodstock (Era de Aquário) nos Estados Unidos.

Já em 1970 temos a morte de Janis Joplin e Jimi Hendrix, por overdose de drogas, a dissolução dos Beatles ("O sonho acabou", diria John Lennon), a criação dos DOI-Codis para a tortura sistemática, a eleição do socialista Salvador Allende, no Chile, e o Brasil tricampeão de futebol.

Todavia, o acontecimento fatídico ocorreria em dezembro de 1968. Tristemente para o Brasil, foi decretado o AI-5 (Ato Institucional nº 5), descendo "como nuvens negras, empanando os céus".

Foi nesse clima de vitórias e fracassos da inteligência e do humanismo que se decidiu fazer em São Paulo (Brasil) o Congresso Internacional de Psicodrama.

Naquele instante, afirmo sem medo de errar, instalou-se *avant la lettre* um dos polos do fenômeno social que Zygmunt Bauman denominou "utopia do possível". Diante de uma sociedade mundial, líquida e esgarçada em suas redes sociais de solidariedade, o psicodrama trazia a esperança no potencial humano, capaz de, por meio da espontaneidade/criatividade, apresentar a tarefa de reformar o mundo (sociatria) e a certeza e a crença de que seríamos capazes de fazê-lo (sociometria).

O psicodrama no Brasil realmente mostrou a sua cara naqueles dias maspianos. Nunca deveríamos nos esquecer dessa nossa verdadeira identidade. Herdamos de J. L. Moreno o sonho da liberdade.

A liberdade como característica da linguagem cotidiana: o comportamento livre, criativo, responsável. A liberdade como norma, valor, ideal, reflexão moral, indagação ética e pensamento filosófico. A liberdade como modalidade fundamental do ser, capaz de fazer surgir a expressão mais original de cada um. A liberdade como preocupação universal dos homens, dando-lhes condições de tomar consciência de si mesmos (Sócrates e Freud) e de sua situação no mundo (Sartre e Moreno).

A ideia fundadora tomou forma e conteúdo em "Terra Brasilis" em 1970, no Congresso do Masp. Fato irretorquível.

Uma multidão famélica, ansiosa por romper as amarras totalitárias, lotou todos os cantos do museu. Três mil congressistas! Apreciem a foto da capa do livro e procurem, dentro da realidade suplementar de Moreno, encontrar o estado de espírito inspirador daquela massa humana.

O psicodrama se nos apresentava como método provocativo, rebelde, transgressor, subversivo e revolucionário, empolgando São Paulo em pleno "regime de exceção", e deixou marcas densas em quem teve a sensibilidade de prová-lo.

Todavia, há um mistério e um paradoxo nesse acontecimento tão comemorado. Indaga-se: como uma realidade sociocultural daquela magnitude, com um aglomerado humano confraternizando-se num frenesi, conseguiu permanecer muda e calada diante das diatribes inquisitoriais ocorridas naquele mesmo instante?

Que indivíduos prometeram e para quem prometemos ser bons meninos?

Levanto a hipótese de que ocorreram fenômenos de psicologia social, mecanismos de defesa coletivos (deslocamento, negação, recalque), seja lá que psicodinâmica tenha ocorrido, permitindo ao encontro congressual sublimar o medo e transformando-o na maior expressão massificada de criatividade.

O período de 1968 a 1973, no qual 1970 se incrusta, foi uma das fases mais repressivas, se não a mais repressiva, da história brasileira.

Recorri ao livro de Boris Fausto (2001), *História concisa do Brasil*, para refazer algumas achegas de esclarecimento daquele momento da vida nacional.

O "capitalismo selvagem" era o predominante naqueles anos; a palavra "ecologia" não existia nos dicionários; o governo fazia megaprojetos, alguns destinados ao fracasso, como a Transamazônica, apenas para engordar as empreiteiras; os grupos armados urbanos, que davam a impressão de desestabilizar o regime, foram dizimados.

Entre 1970 e 1975, conforme nos informa a revista *Carta Capital* em seu número 574 (de 2 de dezembro de 2009), quinhentos militantes políticos foram torturados e quarenta deles foram mortos, só na capital de São Paulo. A atriz de novelas Bete Mendes era torturada exatamente em 1970. Nesse mesmo período, cadáveres eram ocultados em Perus e Vila Formosa. Nas eleições legislativas de 1970, a Arena (partido da ditadura) alcançara ampla vitória, traduzindo a alienação política em que nos encontrávamos. Por aquela época, houve uma repressão policial ensandecida às minorias radicais. Instalou-se a propaganda fascista do "Brasil, ame-o ou deixe-o".

Insistia-se em consolidar o "milagre brasileiro", seja lá o que isso viesse a significar. A censura à imprensa campeou de forma desastrada. A Guerrilha do Araguaia, equívoco de boas intenções, foi literalmente enterrada. Como ápice de terror do Estado, em 1975, Vladimir Herzog foi torturado e morto.

Tudo isso se apresentava no entorno do Congresso de 1970 do Masp. O sadismo perverso rondava-nos e fingíamos não saber. Ninguém viu? Ninguém percebeu? Não! Ninguém tinha a coragem de denunciar ou mesmo protestar. Todos éramos gatos escaldados, sofridos, perseguidos, vivendo uma expectativa de medos e esperança. Havia sabedoria nessa atitude. Hoje falamos daqueles dias com toques de ingênuo romantismo. *How shall we survive?* Nós ficamos para contar a história. Mas o congresso corria riscos reais. O fantasma do medo assustava, e quanto mais silêncio se fazia sobre o tema, maiores as incertezas. O medo solapa as energias, entristece a alma e impede a ação. Um sussurro, um cochicho, permitiam-nos vislumbrar boatos e uma hipótese tenebrosa: o Comando de Caça aos Comunistas poderia surgir a qualquer momento, transformando o Masp numa grande ratoeira.

Este era o sentimento predominante, mas, diga-se com justiça, enfrentado com dignidade e galhardia por todos.

No meio da multidão atônita, um homem solitário bradava contra a ditadura, "agitava", como se dizia na época. Queria porque queria, de modo desabrido, que o populacho ali presente se manifestasse publicamente contra os desmandos. A comissão organizadora chamou-o para uma conversa particular, explicando-lhe o risco em que sua atitude voluntariosa colocaria o prosseguimento do conclave. Parece-nos que ele não se dera conta da violência institucional em que vivíamos, porém atendeu às ponderações com humildade.

Seu nome: Georges Lapassade – filósofo, sociólogo, psicanalista e psicodramatista francês. Foi o criador da "análise institucional". Professor reconhecido em todo o mundo, participara do Maio de 68 em Paris. De vida pessoal simples e despojada, ao morrer, em 2008, com 85 anos, foi enterrado, a seu pedido, na sua cidade natal no interior da França.

Georges, um anarquista admirado, fora convidado especial de J. L. Moreno.

Num fragmento biográfico, Renée Grandin informou-nos que Lapassade retornou ao Brasil em 1972 para fazer uma conferência a quinhentas pessoas no Instituto de Psicologia Social da Universidade Federal de Minas Gerais (UFMG). No entanto, estávamos ainda em plena ditadura, o que o levou a ser detido pelo governo e deportado para seu país.

Não se tem notícia de que durante as atividades do congresso qualquer assunto referente à política brasileira tenha sido discutido ou levado a dramatizações; entretanto, com certeza, sibilinamente, com metáforas psicodramáticas, o nosso protesto esteve presente, passando pelos desvãos da censura da polícia política ali presente.

Havia nos participantes um orgulho de estarem reunidos, enfrentando no "como se" da realidade suplementar o desamparo a que estávamos condenados.

Meus jovens leitores: é muito difícil reproduzir em palavras a emoção que nos irmanava naqueles idos, pois me faltam engenho e arte para tanto. Porém, estejam certos: ali no elegante prédio do Museu de Arte de São Paulo, que todos conhecem e frequentam, nasceu o psicodrama brasileiro em sua forma plena – o psicodrama público.

E, para atualizar esse acontecimento, permito-me anunciar a todos que essa ideia do verdadeiro psicodrama continua viva e brilhante no Centro Cultural São Paulo, todos os sábados às 10h30, sob a liderança afetuosa e carismática de Antonio Carlos Cesarino.

Tenho dito.

Wilson Castello de Almeida
Psicoterapeuta com formação em
psiquiatria, psicodrama e psicanálise

APRESENTAÇÃO
UM CONGRESSO LIBERTÁRIO NUMA SOCIEDADE REPRIMIDA

Quando houve o V Congresso Internacional de Psicodrama e o I Congresso Internacional de Comunidade Terapêutica, em São Paulo, no encantador Museu de Arte de São Paulo (Masp), no mês de agosto de 1970, nós, autores deste livro, éramos ainda crianças e nem imaginávamos que um dia chegaríamos tão perto dessa experiência singular.

Quis o destino que hoje estivéssemos à frente desta honrosa iniciativa: a de resgatar a história ocorrida exatamente há quarenta anos.

Se o mito é o que se põe entre o humano e o não humano, podemos dizer que tal congresso insere-se na mitologia das psicoterapias, no Brasil, pelo espanto causado, pela novidade trazida e pelo clima de fábula, que inspirou muitas gerações.

A proposta era revolucionária: encenar na objetividade do palco psicodramático a subjetividade de cada um dos participantes e, ao mesmo tempo, a subjetividade do grupo (o seu coinconsciente). Também, concretizar no teatro da improvisação todo o movediço da realidade psíquica e da gama de sentimentos, afetos e emoções daquilo que é humano, demasiadamente humano.

Quando entramos para a universidade, com a finalidade de cursar a faculdade de psicologia, já que nossa vocação se relacionava com essa matéria das ciências humanísticas, começamos a ouvir, aqui e ali, relatos sobre a abordagem psicodramática, encantando os que nela se envolviam, como aprendizes ou terapeutizandos, e, assim, também nos permitimos tomar parte nessa proposta de ver e estar no mundo e nas relações.

Seguindo nosso destino, formamo-nos na Associação Brasileira de Psicodrama e Sociodrama (ABPS), apoiando-nos no tradicional tripé: o próprio tratamento psicoterápico, o estudo teórico e a supervisão da prática. E ali, naquela escola de saber e afeto, conhecemos nossos respeitados e eternos mestres.

O interesse intelectual conduziu-nos para a carreira do ensino. Maria Aparecida Fernandes Martin tornou-se professora de fundamentos teóricos do psicodrama; Norival Albergaria Cepeda, professor de práxis psicodramática.

Nessa trajetória, cada vez mais chegavam até nós notícias sobre o famoso congresso; opiniões contraditórias, críticas acerbas e elogios apaixonados. Então, uma crescente curiosidade foi nos tomando, crescendo em nossa mente e coração, servindo de estímulo para a empreitada que deu origem à obra que agora está em suas mãos, caro leitor e colega.

Clínica e magistério nos encaminharam à pesquisa histórica e, pelos antecedentes de nossa virtuosa curiosidade, nos levaram à reconstituição dos possíveis dados do congresso.

Tivemos acesso a arquivos cheios de lembranças, fotografias esmaecidas e documentos estimulantes. Reconstruímos o perfil errático de um psicanalista e cientista social francês. Encontramos num "baú" o rol de certificados entregues a psicólogos e psiquiatras, por trabalhos científicos levados ao evento.

Uma preciosidade: o primeiro número da revista *Psicodrama*, a única no mundo com esse título exclusivo, produzida para o congresso.

Outra surpresa: um registro impresso sobre uma das atividades práticas, dentre tantas realizadas no Masp. O programa do congresso, amorosamente guardado, foi-nos presenteado; agora, compartilhamos esse presente com todos os nossos leitores.

No bojo do livro, teremos a oportunidade de nomear os colegas generosos e dadivosos e agradecer a eles.

E a lista dos diretores e egos-auxiliares atuantes? Muitas alegrias e muita saudade. Conseguimos, ainda, fragmentos de reportagens publicadas no jornal *O Estado de S. Paulo*. Também, levantamos notas biobibliográficas de colegas falecidos que estiveram na linha de frente do movimento psicodramático brasileiro.

A tensão política da época – os chamados "Anos de Chumbo" – recebeu análise adequada, esclarecendo muitas dúvidas pendentes.

A crescente diversidade cultural e artística presente na cidade e no congresso também recebeu aqui especial atenção.

Nosso roteiro de trabalho incluiu entrevistas diretas, muitas conversas esclarecedoras, consultas aos arquivos da Federação Brasileira de Psicodrama (Febrap) e da Associação Brasileira de Psicodrama e Sociodrama (ABPS), aos acervos pessoais dos entrevistados, leitura de livros e teses, muitos telefonemas cruzando o Brasil e o uso pródigo da internet. Além disso, foram muitas as noites maldormidas, estudando, analisando e fazendo registros supostamente definidos.

Aqui está o produto final, para o qual esperamos que esteja destinada uma boa receptividade. Todavia, o que mais nos orgulha é o dever cumprido com a história do psicodrama brasileiro, pois o Congresso de 1970 é um ato fundador.

De nossa parte, em que pese não termos vivido aquele momento, por tudo que passamos e sentimos no decorrer desta pesquisa, pela realidade suplementar de J. L. Moreno, podemos afirmar com orgulho: nós, Cida e Nori, estivemos, sim, presentes no *Masp 1970 – O psicodrama*.

Os autores

1 A GERMINAÇÃO DAS IDEIAS MORENIANAS EM TERRAS BRASILEIRAS

Amor, trabalho e saber são as fontes de nossa existência.
Deverão regê-la também.

Wilhelm Reich (1980)

Tudo que nasce é sagrado.

Jacob Levy Moreno (1992)

Moreno e o psicodrama

O criador do psicodrama, Jacob Levy Moreno, médico, nasceu em 1889 em Bucareste, na Romênia, e foi criado em Viena, na Áustria, desde seus 5 anos até 1925, quando emigrou para os Estados Unidos, onde viveu até os 85 anos, falecendo em 1974.

O psicodrama é uma técnica psicoterápica, pedagógica e social com profundas raízes no teatro, na psicologia e na sociologia. "Do ponto de vista técnico, constitui um procedimento de ação e interação. Seu núcleo é a dramatização", afirma-nos Rojas-Bermúdez (1997).

Wilson Castello de Almeida (1982) apresenta-nos Moreno com as seguintes palavras:

> Como psiquiatra, interessou-se pelas formas de relacionamento humano que pudessem contribuir para a compreensão, a melhora, a cura ou o conforto de seus pacientes, privilegiando o tratamento em grupo. Criou o psicodrama em 1921; descobriu o teatro terapêutico, a partir do teatro da espontaneidade, em 1923; lançou os conceitos de psicoterapia de grupo em 1931 e as bases da sociometria em 1932.

O psicodramatista José Manoel D'Alessandro (1999), em artigo publicado no antigo jornal da Associação Brasileira de Psicodrama e Sociodrama (ABPS), destaca a influência do teatro na vida de Moreno:

> Na década de 1920, em Viena, o psiquiatra Jacob Levy Moreno cria o psicodrama. Tal criação é resultante da união de seu trabalho clínico de consultório com sua atividade como diretor do que ele mesmo denominou de "teatro espontâneo", que consiste na representação de peças teatrais sem texto prévio. Ou seja, a partir de um tema, ou de um ou mais personagens imaginados, os atores espontâneos que emergem da plateia vão criando e "escrevendo" uma peça à medida que a encenam.
> Com sua visão clínica percebe que tais representações dramáticas sem texto prévio têm a capacidade de produzir mudanças comportamentais nos atores. Descobre então que pode dirigir as representações espontâneas para uma finalidade psicoterápica.
> A partir dessa descoberta, desenvolve um método de psicoterapia que tem como ação central a dramatização espontânea. Desenvolve também uma teoria psicológica a partir desse método.

D'Alessandro (1999) afirma que o psicodrama baseia-se "no jogo de 'faz de conta' que surge naturalmente no ser humano". Segundo esse autor, "a natureza oferece à espécie humana a capacidade de realizar ações simbólicas. [...] a criança, a partir dos 3 ou 4 anos de idade, resolve muitas de suas dificuldades e correspondentes tensões emocionais realizando 'sessões de faz de conta'".

Ressalta, ainda, D'Alessandro (1999) que o psicodrama é

> [...] uma teoria psicológica e um método psicoterapêutico, tendo como instrumento central a ação simbólica, ou o jogo de "faz de conta", ou a dramatização. Podemos considerar a dramatização como um ato de ficção. Nesse jogo de faz de conta, tudo é possível. Pode-se viver qualquer tipo de emoção, qualquer situação, próxima à realidade, ou fantasias as mais complexas e absurdas. Embora, em certas situações, as sessões de psicodrama possam ser individuais, o método se realiza plenamente em grupo.

Para J. L. Moreno (*apud* D'Alessandro, 1999), o psicodrama representa, historicamente, "o ponto decisivo da passagem do tratamento do indivíduo isolado para o tratamento do indivíduo em grupos; do tratamento do indivíduo com métodos verbais para o tratamento com métodos de ação". Desse modo, de acordo com D'Alessandro (1999), "a ação é o que se busca objetivar. A ação do passado, por exemplo, uma recordação da infância, será revivida na dramatização e, portanto, objetivada através da ação presente".

Ainda segundo D'Alessandro (1999), o psicodrama "é fenomenológico gestáltico" que "procura criar condições, através do jogo de 'faz de conta', para possibilitar o fenômeno no 'aqui e agora'". Diz ele textualmente:

> A dramatização é a fase central da sessão. É através desta que o protagonista (etimologicamente, o principal lutador) tem a possibilidade de vivenciar suas fantasias, as mais desejadas, as mais conflitivas. Pode vivenciar conflitos atuais ou antigos, reviver sonhos, experimentar situações futuras etc.
> O psicodrama não se confunde com teatro. Este último tem caráter apenas alegórico. Na dramatização não se busca "representar bem" do ponto de vista da estética teatral. O paciente não precisa "gostar de teatro" ou "ter jeito para teatro". O psicodrama tem sua estética sim, mas é a estética da espontaneidade, da saúde, da graça bio-psico-sócio-espiritual.

A atividade psicodramática pode ser dividida, conforme proposta de D'Alessandro (1999), em duas áreas: a psicoterápica e a socioeducacional.

Na área psicoterápica, o psicodrama demonstra "ser um valioso método para evidenciar as defesas conscientes e inconscientes do paciente, bem como suas condutas e quadros patológicos" (Rojas-Bermúdez, 1997). Para D'Alessandro (1999), "o psicodrama atinge camadas mais profundas do psiquismo através da vivência do jogo simbólico, da análise desse jogo e da vivência grupal".

A respeito da área socioeducacional, D'Alessandro (1999) lembra que "o psicodrama pode tomar as mais variadas formas, de acordo com a finalidade: ensino, orientação pedagógica e educacional, seleção e treinamento de pessoal etc." E acrescenta: "As dinâmicas que surgem nos grupos permitem uma intervenção adequada no desenvolvimento de determinado papel dependendo do contexto: empresas, escolas ou qualquer outro tipo de instituição".

Em 1936, Moreno, estabilizado profissionalmente nos Estados Unidos desde 1927, constrói, na cidade de Beacon, o primeiro "teatro terapêutico", em torno do qual instala uma clínica psiquiátrica e um instituto para formação em psicodrama.

Em meados dos anos de 1950, viveu-se um período de expansão e consolidação do psicodrama: as contribuições morenianas estavam, enfim, sendo reconhecidas pelas comunidades terapêuticas e científicas. Nessa época, Moreno concentrou seus esforços no estabelecimento de dois importantes órgãos: a Associação Internacional de Psicoterapia de Grupo (IAGP) e a Associação Internacional de Psicodrama (Marineau, 1992).

Em 1964, o instituto de J. L. Moreno – World Center for Psychodrama, Group Psychotherapy and Sociometry – é reconhecido oficialmente e passa a patrocinar os congressos internacionais de psicodrama. O primeiro ocorreu nesse mesmo ano, em Paris.

Após o congresso de Paris, os psicodramatistas passaram a se reunir regularmente, em encontros internacionais: em Barcelona (1966); em Baden (1968); em Buenos Aires (1969); em São Paulo (1970); em Amsterdã (1971); em Tóquio (1972); e em Zurique (1974). Nos últimos dez anos de sua vida, Moreno presenciou a difusão de suas ideias e métodos por muitos países, incluindo o Brasil.

O aquecimento preparatório no Brasil

O Masp, na cidade de São Paulo, foi, certamente, o nascedouro do psicodrama brasileiro, com a realização, em agosto de 1970, do V Congresso Internacional de Psicodrama.

Nesse memorável congresso, seis profissionais brasileiros foram certificados como psicodramatistas didatas. Logo a seguir, em dezembro de 1970, foram fundadas, em São Paulo, as duas primeiras escolas brasileiras de formação psicodramática: a Associação Brasileira de Psicodrama e Sociodrama (ABPS) e a Sociedade de Psicodrama de São Paulo (SOPSP).

No entanto, a história apresenta-nos dados que tornam o movimento psicodramático brasileiro mais antigo, iniciando-se em meados de 1948, com Guerreiro Ramos, no Rio de Janeiro. Se 1970 foi o ano da fundação pública do psicodrama no Brasil, com a instituição de suas entidades formadoras, os anos entre 1948 e 1970 correspondem ao período de gestação do psicodrama, de aquecimento preparatório para o seu surgimento perante a sociedade brasileira. E, nessa etapa, foram muitos os responsáveis pelas primeiras semeaduras do psicodrama em solo brasileiro. Imbuídos de notável conhecimento científico, esses criativos precursores foram mobilizados pela vontade de inovar, no campo da psicoterapia, da educação, da organização, ou no campo comunitário.

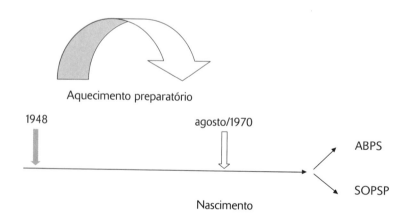

De forma metafórica, podemos dizer que, na etapa de aquecimento, a semente foi preparada e germinou subterraneamente, nos consultórios clínicos, em instituições, nos grupos de estudos, até brotar e surgir como planta nova, potente, visível e acessível à comunidade, realizando-se o sonho de Moreno: o estabelecimento de um psicodrama que fosse além das paredes da clínica, da escola e da organização, indo ao encontro de uma proposta social; portanto, um psicodrama público.

Consideramos, pois, o Congresso do Masp como ato fundador do psicodrama brasileiro, isto é, a primeira expressão organizada do movimento psicodramático nacional.

Os semeadores

Chamamos de semeadores essas preciosas pessoas que, ao entrarem em contato com as ideias de Moreno, espalharam sementes e empregaram o método psicodramático no campo do estudo, do profissional e do trabalho comunitário. São elas:

- Guerreiro Ramos (sociólogo) – 1948 – no Rio de Janeiro.
- Íris S. de Azevedo (psicóloga) – 1957 – em São Paulo.
- Pierre Weil (psicólogo) – 1958 – em Minas Gerais.
- Madre Cristina (psicóloga) – 1960 – em São Paulo.
- Norma Jatobá (psicóloga) – 1960 – em São Paulo.
- Célio Garcia (psicólogo) – 1961 – em Minas Gerais.
- Lea Porto (pedagoga) – 1961 – em Minas Gerais.
- Alfredo Correia Soeiro (psiquiatra) – 1963 – em São Paulo.
- Flavio D'Andrea (psiquiatra) – 1963 – em Ribeirão Preto, SP.
- Antonio Carlos Cesarino (psiquiatra) – 1964 – em São Paulo, após retornar de Paris.
- José Manoel D'Alessandro (psiquiatra) – 1965 – em São Paulo.
- Anne Ancelin (psicóloga) – 1966 – em Minas Gerais.
- Oswaldo Di Loreto e Michael Schwarzschild (psiquiatras) – 1967 – em São Paulo.
- Maria Alicia Romaña (pedagoga) – 1969 – em São Paulo.
- Rojas-Bermúdez (psiquiatra) – 1964, 1967, 1968 a 1970 – em São Paulo.

Observando essas datas e correlacionando-as com a história do Brasil, como nos mostra Motta (2006), constatamos que o movimento psicodramático nacional começou junto com a industrialização do país, que se desenvolveu nos governos dos presidentes Getúlio Vargas (de 1951 a 1954), Juscelino Kubitschek (de 1956 a 1961), Jânio Quadros (1961) e João Goulart (de 1961 a 1964); em seguida, houve o período da ditadura militar, de 1964 a 1985, com os presidentes Castello Branco (de 1964 a 1967), Costa e Silva (de 1967 a 1969), Emílio Médici (de 1969 a 1974), Ernesto Geisel (de 1974 a 1979) e João Figueiredo (de 1979 a 1985). (Não foram mencionados governantes que atuaram em períodos curtos, de transição.)

De 1948 a 1970, foram inúmeras as iniciativas tomadas por esses profissionais pioneiros na aplicação do psicodrama no Brasil. Apresentaremos aqui algumas dessas iniciativas no trabalho com grupos, na área clínica, organizacional e educacional. A maioria desses profissionais teve contato com o psicodrama por meio dos livros do Moreno, enquanto outros realizaram seu aprendizado com o próprio Moreno ou por intermédio de algum discípulo já formado.

Na análise de Alves (1988), a inserção da proposta psicodramática no Brasil acontece em três espaços institucionais: empresas privadas (recursos humanos), instituições públicas (práticas pedagógicas) e clínica liberal (atividade psicoterápica), como veremos a seguir.

Para facilitar a leitura, destacaremos quatro cidades que sediaram os trabalhos de alguns precursores do psicodrama brasileiro: Rio de Janeiro (RJ), Ribeirão Preto (SP), Belo Horizonte (MG) e São Paulo (SP). Convém ressaltar que esses precursores não se conheciam na época e, portanto, não se comunicavam entre si, o que só ocorreria no Congresso de 1970 (Costa, 2001).

No Rio de Janeiro, um talentoso iniciador

Quem dirigiu o primeiro seminário sobre psicodrama realizado no Brasil, mais precisamente no Rio de Janeiro (que era na época capital do país), por volta de 1948, foi o sociólogo Alberto Guerreiro Ramos (1915-1982), um intelectual negro que residia nos Estados Unidos e, supostamente, fora aluno de Jacob Levy Moreno.

A responsável por pesquisar e documentar esse fato, em uma dissertação de mestrado e na *Revista Brasileira de Psicodrama*, foi a psicodramatista Maria Célia Malaquias, a quem parabenizamos por essa grande contribuição para a história.

Guerreiro Ramos não só dirigiu diversos trabalhos no Instituto Nacional do Negro (INN) como também promoveu seminários sobre grupoterapia, envolvendo o psicodrama e o sociodrama. Em artigos no jornal *Quilombo*, Ramos discorria sobre esses seminários e debatia pontos levantados acerca de sociodramas e psicodramas dirigidos por ele – os quais privilegiavam a questão étnica (Malaquias, 2004).

Em Ribeirão Preto, um expoente na universidade

Em 1962, o psiquiatra e professor Flavio D'Andrea introduz o psicodrama no Departamento de Psicologia Médica e Psiquiatria da Faculdade de Medicina de Ribeirão

Preto (da Universidade de São Paulo – USP), tanto no ensino como na pesquisa (Motta e Davoli, 1984).

No ano seguinte, esse precursor publica o primeiro artigo brasileiro sobre psicodrama: "Experiência na aplicação do teste sociométrico numa comunidade escolar" (Alves, 1988).

No Congresso Latino-Americano de Psicoterapia de Grupo ocorrido em 1964, em Porto Alegre, Flavio D'Andrea apresenta dois trabalhos sobre psicodrama (Motta e Davoli, 1984).

Em 1965, ele publica na revista *Sociologia*, em São Paulo, o artigo "Sociodrama como meio diagnóstico dinâmico da hostilidade entre grupos", com a participação de Célia Ferreira dos Santos (Costa, 2001).

Segundo Motta (2008), em 1967 D'Andrea defende a primeira tese de doutorado com fundamentação em psicodrama: *Estudos sociométricos de uma classe de estudantes de medicina*.

Em Belo Horizonte, ações frutíferas em inúmeros grupos

Em 1961, o psicólogo Célio Garcia, no Centro Médico-Pedagógico (mais tarde, Instituto Psicopedagógico de Minas Gerais), inicia uma atividade psicodramática com um grupo de crianças e adolescentes. Tem como egos-auxiliares Lea Porto e Maria Célia de Castro Bessa (Motta e Davoli, 1984).

No Instituto Pedagógico de Minas Gerais, Lea Porto prossegue o trabalho começado por Célio Garcia, contando com a participação de Marcio Cotta Pacheco como ego-auxiliar (Motta e Davoli, 1984). Esse trabalho redunda na criação de grupos de estudos visando à formação de técnicos em psicodrama (Silva, 2008).

Radicado no Brasil (desde 1949 vivia no Rio de Janeiro), o psicólogo francês Pierre Weil é contratado, em 1958, pelo Banco da Lavoura de Minas Gerais, para criar e organizar um departamento de recursos humanos, que substituiria o então chamado departamento de orientação ao trabalho (DOT).

Na mesma época, durante uma viagem à França, Weil conhece a psicodramatista francesa Anne Ancelin Schutzenberger, a qual, após estudar diretamente com Moreno nos Estados Unidos, fundara na França uma associação de psicodrama.

Entre 1958 e 1962, Weil estuda o chamado "psicodrama triádico" com Anne Ancelin (Costa, 2001). O psicodrama triádico, nome dado pelo próprio Moreno, integra três abordagens teóricas: psicodrama (Moreno), psicanálise (Freud) e dinâmica de grupo (Kurt Lewin).

A partir de 1966, Anne Ancelin, que também é cofundadora da Associação Internacional de Psicoterapia de Grupo (IAGP), passa a vir periodicamente ao Brasil, a convite de Pierre Weil, para realizar seminários sobre o psicodrama triádico na fazenda do Rosário, da educadora Helena Antipoff, em Minas Gerais, e também no Rio de Janeiro (Costa, 2001).

No ano de 1967, Pierre Weil tornou-se o primeiro psicodramatista a lançar um livro no Brasil, em português, com o título *Psicodrama*; esse livro contém interessante prefácio escrito por Moreno em janeiro de 1967, o qual transcrevemos a seguir:

> São várias as razões que nos levaram a apresentar ao público brasileiro o livro do professor Pierre Weil sobre o psicodrama.
>
> Em primeiro lugar, por se tratar do Brasil, um dos maiores países do mundo, onde vive um povo que podemos considerar mais espontâneo entre as nações do planeta. Ora, um dos objetivos do psicodrama é justamente a libertação desta espontaneidade, tirando ao mesmo tempo o homem das suas "conservas culturais". Raros são os povos que fizeram evolução tão rápida como o brasileiro, cuja evolução criadora se concretiza nas canções e danças do carnaval – constantemente renovadas –, na literatura, no teatro, na poesia, no folclore, na arquitetura. Se o Brasil chegou a resultados tão grandiosos, pode-se dizer que o deve à espontaneidade do seu povo, que sabe resistir às "conservas culturais".
>
> É para nós também um prazer e um dever apoiar o movimento psicodramático lançado pelo professor Pierre Weil e seus colaboradores nos meios universitários e educacionais de Belo Horizonte. Se, como acabamos de o mostrar, o terreno psicossociológico era favorável, só uma formação científica como a de Pierre Weil poderia assegurar o sucesso de tal empreendimento. Além da influência que recebeu de grandes mestres da Psicologia Experimental e Aplicada – como Piéron, Piaget, Rey, Walther –, o professor Pierre Weil recebeu a sua formação em psicodrama das mãos de Mme. Anne Ancelin Schutzenberger, atual Secretária Geral da "World Academy of Psychodrama, Sociometry and Group Psychotherapy", e fez conosco um "Workshop" em Milão, onde tivemos o prazer de conhecê-lo, Zerka Moreno e eu mesmo.
>
> O livro, cujo prefácio escrevemos hoje, representa um esforço de síntese não somente dos métodos de técnicas psico e sociodramáticas, mas também dos controles experimentais dos seus resultados; deste último ponto de vista, trata-se de um trabalho original e necessário, o qual, temos certeza, será devidamente apreciado, quanto ao seu valor, pelo público brasileiro.

Pierre Weil é autor de muitos livros, dentre os quais se destaca *O corpo fala* (1989). Foi reitor da Universidade da Paz, em Brasília, e em 1971 fundou, em Minas Gerais, a Sociedade Brasileira de Psicoterapia, Dinâmica de Grupo e Psicodrama, com filiais no Rio de Janeiro e em Recife. Falecido em 2008, foi premiado pela Organização das Nações Unidas para a Educação, a Ciência e a Cultura (Unesco) por propor uma psicologia interligando Ocidente e Oriente (Motta, 2008).

Em São Paulo, uma especial pioneira: Íris Soares de Azevedo

A década de 1960 é o período mais expressivo do início do movimento psicodramático brasileiro. Na cidade de São Paulo, uma mulher, corajosa e determinada, ousada e generosa, começa a estudar por si só, de modo autodidático, a obra de Moreno, com quem teve imediata identificação. Essa mulher se chama Íris Soares de Azevedo.

Essa entusiasmada precursora havia tomado conhecimento das teorias morenianas por intermédio de seu professor Otto Kleineberg, americano, quando ela cursava a Faculdade de Filosofia da USP, em 1957.

Após sua formação, Íris realiza uma especialização em sociologia; em seguida, procura o Instituto Sedes Sapientiae para cursar a especialização em psicologia clínica.

Nessa época, os profissionais de pedagogia, sociologia e filosofia cursavam dois anos de especialização em psicologia clínica a fim de obter permissão para a realização de atendimentos psicoterápicos. Assim se formaram os primeiros profissionais da área, pois, até o final da década de 1950, não havia cursos de psicologia (Borba, vídeo 1, *apud* Costa, 2001).

Por outro lado, Íris não só aprofundou seus estudos em psicodrama (iniciados de forma autodidática) como também sempre se preocupou muito em divulgá-lo e ensiná-lo aos seus colegas profissionais. Unindo-se a eles, passou a aplicar o psicodrama em grupos de psicoterapia, tanto no Sedes Sapientiae como em seu consultório particular, propiciando a abertura de um caminho novo na maneira de trabalhar para vários profissionais iniciantes, como veremos no transcorrer deste livro.

Posteriormente, relataremos alguns episódios que demonstram a perseverança e a dedicação de Íris em relação ao psicodrama. Porém, agora faremos uma pausa para falar sobre uma educadora e psicóloga que, a partir de 1960, foi extremamente importante para Íris, promovendo a ampliação de seu estudo e prática psicodramática: madre Cristina Sodré Dória, fundadora e diretora do Instituto Sedes Sapientiae.

A importância de Madre Cristina (1916-1997)

As irmãs da Congregação de Nossa Senhora – Cônegas de Santo Agostinho fundam, em 1933, o Instituto Superior de Pedagogia, Ciências e Letras, o qual, futuramente, daria origem ao Instituto Sedes Sapientiae. E essa instituição, por intermédio da madre Cristina Sodré Dória, abriu suas portas para o psicodrama e para várias outras correntes psicoterápicas, desde 1960 (Costa, 2001).

A profissão de psicólogo só foi reconhecida pelo Ministério da Educação (MEC) em 1962, e as primeiras faculdades paulistas a ministrarem o curso de psicologia foram a USP, em 1958, e a Pontifícia Universidade Católica (PUC) da cidade de São Paulo, em 1962 (Coimbra, 1995).

Nessa época, os psiquiatras que procuravam formar-se em psicoterapia só tinham como opção o curso de psicanálise, oferecido pela Sociedade de Psicanálise de São Paulo. Contudo, a fila de espera era muito grande, além de estarem envolvidos custos elevados, o que tornava essa formação inviável para muitos jovens profissionais.

Madre Cristina Sodré Dória, fundadora da Clínica Psicológica na Faculdade Sedes Sapientiae, oferecia, nesse instituto, formação em psicoterapia, desenvolvida por um corpo de competentes professores, incluindo a própria madre, o que possibilitava que seus alunos colocassem a psicologia em prática.

O psiquiatra e psicodramatista José Fonseca Filho (1996) nos conta que nessa época, na Faculdade Sedes Sapientiae, havia um único curso, sendo, em geral, ministrado à noite e oferecendo a possibilidade de atendimento psicoterápico na clínica. Hoje, o instituto conta com vários departamentos, nas áreas de psicodrama, psicanálise, gestalt, terapia corporal etc. Mas, no início, a própria madre realizava o atendimento psicológico, gratuitamente ou por um preço simbólico, à comunidade.

Vários expoentes do psicodrama fizeram o curso do Sedes, iniciando a sua prática profissional, como bem relata o psiquiatra e pioneiro Cesarino (1999):

> [...] Não havia onde conseguir uma formação adequada. Na época, a única exceção era o Instituto Sedes Sapientiae, trabalho pioneiro e já contestador da saudosa madre Cristina Sodré Dória, que, talvez, seja uma das figuras mais importantes do movimento psi do Brasil. Seu instituto era um oásis com poucos recursos e muita abertura.

Fonseca (1993) também nos informa o que acontecia no meio psicoterápico paulista antes da chegada do psicodrama:

> O meio "psi" se subdividia entre psiquiatria clínica e psicanálise. Os profissionais se encaminhavam para formação analítica ou a recusavam. A psicologia estava engatinhando em São Paulo. Muitos psicólogos eram oriundos de filosofia e pedagogia, anteriores aos cursos específicos de psicologia. Havia também alguns representantes isolados de outras linhas psicoterápicas. Por exemplo, o José Ângelo Gaiarsa era conhecido como reichiano e junguiano. O Paulo Fraletti era identificado com Stekel. A Raquel era rogeriana. Havia um curso de psicanálise, promovido pela Sociedade Brasileira de Psicanálise, e um curso de formação em psicoterapia psicanalítica do Sedes (Clínica Psicológica da Faculdade Sedes Sapientiae, anterior ao Instituto Sedes Sapientiae), conhecido como "o curso da madre Cristina", do qual fui aluno. Era um curso com diversas disciplinas. Freud era dado por Roberto Azevedo; Melanie Klein por Fernando Austregésilo;

psicoterapia de grupo por Bernardo Blay Neto; psicoterapia da infância por Haim Grunspun; a madre Cristina Sodré Dória lecionava técnicas psicoterápicas. Mário Robortella dava aulas de psicopatologia e Roberto Tomchinsky, de Rorschach.

Generosamente inovadora, madre Cristina enfatizava que o Instituto Sedes Sapientiae era um espaço aberto aos que quisessem "estudar e praticar um projeto para a transformação da sociedade, visando atingir um mundo onde a justiça social seja a grande lei" (Costa, 2001).

Moreno certamente seria um grande apoiador da madre Cristina, pois sua filosofia e visão de mundo têm ampla afinidade com as do psicodrama.

Em 1974, Íris é convidada pela madre Cristina a organizar e fundar o Departamento de Psicodrama no Sedes (o que será relatado no terceiro capítulo deste livro). Notamos, com base nessa atitude, o precioso apoio e incentivo da madre ao ensino e à prática do psicodrama.

Em seu livro *Psicologia do ajustamento neurótico* (Dória, 1983), madre Cristina escreveu a dedicatória em forma de poema:

> Aos companheiros de luta
> que saíram da vida
> para entrar na história;
>
> Aos companheiros
> injustiçados;
> não sabendo fazer mais...

Madre Cristina, que em vida participou da história de modificação de várias pessoas, sempre esteve empenhada em contribuir com ideais de transformação social, educacional e política. Queremos aqui celebrar a sua valiosa presença, solidária e estimuladora do crescimento, no caminho de tantos alunos, clientes e profissionais, e no percurso histórico da psicologia e do próprio psicodrama.

Soeiro e D'Alessandro integram o grupo de Íris

Voltando à história de Íris Soares de Azevedo: durante a sua formação no Instituto Sedes, Madre Cristina proporcionou-lhe um trabalho de atendimento psicoterápico em grupo. Sendo valiosamente incentivada pela madre, Íris passou a utilizar as técnicas do psicodrama para dirigir grupos, convidando alguns profissionais (como Laís Machado e Alfredo Correia Soeiro, que, naquele ano de 1963, também faziam o curso no Sedes) para que fossem seus egos-auxiliares.

O psicodramatista Alfredo Correia Soeiro, durante a entrevista que nos concedeu, contou que fazia o curso do Sedes concomitantemente à formação que realizava em medicina, na Faculdade de Medicina da USP, porque, na época, já era sua escolha ser psiquiatra e psicoterapeuta. Entretanto, foi graças a Íris que ele teve o primeiro contato com o psicodrama, ao passar a trabalhar com grupos terapêuticos dirigidos por ela, no Sedes. Íris coordenava os grupos e lhe dava as instruções necessárias para que participasse como ego-auxiliar; assim, ele foi iniciando a aprendizagem psicodramática (Soeiro, 2008).

Por volta de 1963, Íris é convidada pelo doutor Paulo Gaudêncio (psiquiatra que na época já exercia a psicoterapia de grupo de base psicanalítica) a trabalhar como psicoterapeuta em sua clínica particular, localizada na rua Honduras, número 1.267, em São Paulo, ao lado do Clube Paulistano (o consultório ficou conhecido no meio "psi" como Clínica Honduras). Nesse espaço, integrando-se com outros profissionais recém-saídos do Sedes – como Alfredo Soeiro, José Manoel D'Alessandro, Maria do Rosário Brandt Carvalho, Laís Machado, Vera França –, Íris, agora num grupo maior, mantém seus estudos autodidáticos acerca da obra de Moreno, sempre compartilhando seus conhecimentos; assim, todos os profissionais passam a atender os grupos terapêuticos utilizando-se do método psicodramático, com a orientação de Íris.

Como relata Motta (2006), esses profissionais, em um esforço autoformativo, realizaram as primeiras psicoterapias grupais de base psicodramática, atendendo, todos os dias, grupos de crianças, adolescentes e adultos – uma importante ação histórica no campo da psicoterapia de grupo.

Outro pioneiro merecedor de destaque é o saudoso psiquiatra José Manoel D'Alessandro (1937-2004), que fez o curso da Madre Cristina, estudou psicodrama com a Íris, formou-se em medicina em 1964 e, em 1966, passou a trabalhar no Hospital do Servidor Público Estadual Francisco Morato de Oliveira. Na ocasião, o diretor do setor de psiquiatria dessa instituição era o doutor Clóvis Martins, que deu a D'Alessandro a oportunidade de trabalhar com a psicoterapia de grupo. E assim ele o fez, ao dirigir um grupo psicoterápico de adolescentes com o uso da técnica psicodramática, exatamente como tinha aprendido com a Íris (Borba, vídeo 1, 1993).

Em seguida, D'Alessandro foi convidado a dirigir o setor de psicodrama do Hospital do Servidor Público de São Paulo (Costa, 2001).

Em 1966, ainda segundo Costa (2001), Íris toma conhecimento, por intermédio da psicóloga Norma Jatobá, de que haveria um congresso internacional de psicodrama em Barcelona, na Espanha. Em tempo: a saudosa Norma Jatobá (falecida em 13 de abril de

1989) estagiara com alguns psicodramatistas franceses na década de 1950, quando morou por três anos em Paris; depois desse treinamento, ela iniciou sua atividade psicodramática, na sua clínica em São Paulo, em 1960.

Íris acabou indo a Barcelona para participar do congresso, sendo acompanhada por seus amigos Maria do Rosário e Alfredo Soeiro. D'Alessandro, por motivos pessoais, não pôde ir.

Na conversa que tivemos com Íris, pudemos sentir a alegria e a motivação desse grupo de brasileiros, e dela especialmente, mobilizada pela sua vontade, indo ao encontro de pessoas que também estudavam e produziam psicodrama, com a possibilidade de conhecer pessoalmente Jacob Levy Moreno.

Pudemos perceber também, na entrevista com Soeiro, quanto ele valoriza e enfatiza o talento e a coragem de Íris, seja no tocante ao movimento inicial do psicodrama paulista, seja em relação aos profissionais com quem ela compartilhou e estudou a obra moreniana. Soeiro afirma com emoção e afeto que Íris foi a principal pessoa a mobilizar, aglutinar e incentivar os profissionais desejosos de se aprimorarem no trabalho psicodramático (Soeiro, 2008).

Os congressos internacionais de psicodrama

Antes de continuarmos a saga desses desafiantes discípulos, relembremos os sete primeiros congressos internacionais de psicodrama, liderados por Moreno, conforme nos informa Marineau (1992):

- I Congresso Internacional de Psicodrama – 1964 – em Paris, na França.
- II Congresso Internacional de Psicodrama – 1966 – em Barcelona, na Espanha.
- III Congresso Internacional de Psicodrama – 1968 – em Baden, na Áustria.
- IV Congresso Internacional de Psicodrama – 1969 – em Buenos Aires, na Argentina.
- V Congresso Internacional de Psicodrama – 1970 – em São Paulo, no Brasil.
- VI Congresso Internacional de Psicodrama – 1971 – em Amsterdã, na Holanda.
- VII Congresso Internacional de Psicodrama – 1972, em Tóquio, no Japão.

Alves (1988) destaca que "na década de 1960, a disseminação do projeto moreniano através do psicodrama se revela pela sequência de congressos internacionais desta especialidade". O autor ainda acrescenta que o Congresso de Tóquio, em 1972, foi o último, pois, a partir de então, os congressos internacionais de psicodrama foram reincorporados aos congressos internacionais de psicoterapia de grupo.

Ao abordar esses eventos, Marineau (1992) explica:

À medida que o psicodrama foi se tornando cada vez mais popular, emergiu a necessidade de encontros internacionais de caráter mais formal. Em 1961, Moreno criou a Academia Mundial de Psicodrama e Psicoterapia de Grupo. Foi seu primeiro presidente. Essa associação tinha o mandato para integrar e credenciar institutos fora dos Estados Unidos e para coordenar congressos internacionais. O Primeiro Congresso Internacional de Psicodrama ocorreu em Paris, em 1964, e atraiu mais de mil participantes, provenientes de 35 países. Conforme o folheto de divulgação, a finalidade do encontro consistia em "reunir especialistas formados e profissionais de todas as partes do globo, para que possam compartilhar suas experiências e estimular a pesquisa". A organização do congresso em Paris foi comandada por Anne Ancelin Schutzenberger, enquanto Zerka Moreno cuidava da organização prática dos Estados Unidos.

O retorno de Íris do Congresso da Espanha

Assim que Íris voltou ao Brasil, a direção do Departamento de Psiquiatria do Hospital do Servidor Público de São Paulo a convidou para uma reunião clínica, na qual ela relataria as experiências vividas no Congresso de Barcelona.

Imagine a ousadia necessária a essa profissional para abrir um canal de comunicação com os psiquiatras – os quais, naquela época, disputavam espaço com os psicólogos.

Costa (2001) fornece-nos uma interessante análise:

Percebe-se que em São Paulo, onde até então só se praticava psicanálise individual, psicoterapia de grupo e a psicodinâmica da Madre Cristina, o psicodrama começa chamar a atenção como um novo método psicoterápico. Entretanto, Íris relata que o psicodrama era considerado uma técnica de histéricos, numa possibilidade de *acting-out*. Ela diz ter sido apresentada com um certo desdém na reunião do Hospital do Servidor pelo dr. Clóvis Martins, chefe do setor de psiquiatria. É possível que o fato de ser mulher (as ideias feministas mal haviam chegado ao Brasil), psicóloga (uma profissão que inexistia legalmente falando) e fazer uma proposta de um método de ação (a psicanálise propunha a inação) sejam responsáveis por este descaso.

Dizem que quem quer realizar algo novo encontra, eventualmente, resistências no seu caminho; apesar disso, ao não desistir de sua missão, Íris conseguiu, após a referida reunião, ministrar aos psiquiatras um breve curso de introdução ao psicodrama, no próprio Hospital do Servidor. Depois desse curso, Íris levou suas lições a outros hospitais de São Paulo. Ela afirma que seu objetivo era informar sobre o psicodrama e divulgá-lo (Borba, vídeo 1, 1993).

Segundo Soeiro e D'Alessandro, entre os brasileiros que foram à Espanha, Íris foi quem retornou mais entusiasmada: não se cansava de contar que conheceu Moreno, Zerka e outros psicodramatistas internacionais, dentre os quais o colombiano, então radicado na Argentina (e hoje radicado na Espanha), Jaime Rojas-Bermúdez; Íris o viu dirigir um espetacular psicodrama público, e ficou deslumbrada com seu modo latino-americano de desenvolver o trabalho (Borba, vídeo 1, 1993).

Em seu livro *Psicodrama e psicoterapia,* Soeiro (1976) assim apresenta Rojas-Bermúdez:

> Jaime G. Rojas-Bermúdez nasceu em Tunja, Colômbia, a 26 de julho de 1926. Radicou-se em Buenos Aires, onde se formou em Medicina, especializando-se em Psiquiatria. Pertence à Associação Psicanalítica Internacional. Iniciou suas atividades psicodramáticas em 1957, no Instituto de Neuroses da Capital Federal. Em 1962, pela primeira vez, tomou contato direto com Moreno, em Nova York, e recebeu em 1963 o título de Diretor de Psicodrama do World Center for Psychodrama, Sociometry and Group Psychotherapy. Fundou a seguir a Asociación Argentina de Psicodrama y Psicoterapia de Grupo.

Vale ressaltar que Jaime Rojas-Bermúdez foi o único latino-americano diplomado como diretor de psicodrama pelo instituto de J. L. Moreno até o ano de 1968, um fato relevante no que concerne à difusão da proposta moreniana nos países da América do Sul.

Rojas-Bermúdez (1984) informa-nos que, com a fundação da Associação Argentina de Psicodrama e Psicoterapia de Grupo, houve uma significativa evolução do movimento psicodramático em Buenos Aires, transformando a cidade em pioneira latino-americana nessa matéria. Tendo como ponto de partida a capital argentina, a teoria e a metodologia psicodramática passaram a ser difundidas, tanto em direção ao interior do país quanto para outras nações, como Uruguai e Brasil.

Em São Paulo, Íris começou a divulgar, entre amigos, o nome de Rojas-Bermúdez, informando que ele ministrava cursos de psicodrama em sua associação, em Buenos Aires. Ela julgava que, para os brasileiros, seria mais fácil fazer os cursos de Rojas-Bermúdez em razão da proximidade geográfica entre Brasil e Argentina (Borba, vídeo 1, 1993), o que acabou se comprovando em janeiro de 1968, como veremos nos próximos tópicos.

Na verdade, Rojas-Bermúdez (ou, simplesmente, Bermúdez, como ficou conhecido entre os brasileiros), originariamente psicanalista, já viera ao Brasil em 1964, para participar do IV Congresso Latino-Americano de Psicoterapia de Grupo (na cidade de Porto Alegre), ocasião em que dirigiu um psicodrama público.

Bermúdez retorna ao Brasil em 1967 para participar de outro congresso latino-americano de psicoterapia de grupo, dessa vez em São Paulo.

A repercussão do primeiro psicodrama público em São Paulo

Em maio de 1967, ocorreu em São Paulo, na Faculdade de Medicina do Hospital das Clínicas, o V Congresso de Psicoterapia de Grupo, patrocinado pela Associação Latino-Americana de Psicoterapia de Grupo Analítica, cujo presidente era o psicanalista Bernardo Blay Neto, como nos conta D'Alessandro em entrevista em vídeo (Borba, vídeo 1, 1993).

Costa (2001) descreve a importância de tal congresso para o futuro do psicodrama no Brasil:

> Esse congresso é o ponto de partida para a implantação definitiva do psicodrama em São Paulo. Nele, setenta brasileiros apresentam trabalhos científicos sobre psicoterapia de grupo. Dentre eles estão futuros alunos de Bermúdez: Carol Sonenreich, Jeni Coronel Lustosa, Miguel Navarro, Antonio Carlos Eva, José Fonseca, Antonio Carlos Cesarino, Anibal Mezher, Zacaria Ramadan, Maria Aleuda Moreno, José S. M. Werneck. Os demais eram todos psicanalistas. Fica claro, então, que a psicoterapia verbal abre caminho para o psicodrama e influencia de alguma forma o psicodrama de Rojas-Bermúdez, que logo será praticado por muitos psiquiatras e alguns poucos psicólogos, ainda nessa década.

Como parte da programação oficial do congresso, houve a realização, no Teatro da Universidade Católica (Tuca), da PUC de São Paulo, de um psicodrama público dirigido por Bermúdez e sua equipe de egos-auxiliares da Argentina: Ariel Bufano, Suzana Etcheverry e Edith Saal, sua esposa na época. A protagonista emergente da plateia lotada fora uma jovem psicóloga que depois se tornaria psicodramatista (Costa, 2001).

O saudoso psiquiatra Di Loreto, que infelizmente nos deixou em 2009, esteve no Tuca e afirmou, categoricamente, em entrevista, que todos os presentes sentiram um misto de horror e admiração ao assistir pela primeira vez a um psicodrama público, pois "em meia hora, ele expôs o mundo psíquico daquela moça de forma tão profunda e fina que com qualquer outra técnica [isso] demoraria anos" (Borba, vídeo 2, 1998). Foi um psicodrama público muito bem dirigido e de grande sucesso perante a plateia presente. Muitos profissionais que conheceram Bermúdez atestam que ele tinha uma competência técnica extraordinária para dirigir grandes grupos.

Após esse congresso no Tuca, D'Alessandro solicitou a Bermúdez que organizasse um psicodrama público no Hospital do Servidor Estadual, ao que foi atendido prontamente. Vale lembrar que o Departamento de Psiquiatria desse hospital já tinha familiaridade com o psicodrama, graças à atuação do próprio D'Alessandro e de outros profissionais.

O psiquiatra e psicodramatista Miguel Navarro (1988), que, aliás, antes de 1967, já havia criado, junto com outros profissionais, no Hospital do Servidor Público, o setor de psicoterapia de grupo, o Hospital Dia e o ambulatório, escreveu um interessante artigo em que descreve o impacto causado pelos psicodramas públicos dirigidos por Bermúdez em São Paulo. Diz Navarro (1988):

> Estes dois psicodramas públicos (o do Tuca e o do Hospital do Servidor) foram de grande impacto na ocasião para a comunidade psiquiátrica e psicológica em São Paulo, pois pela primeira vez se fez realizar um psicodrama público em São Paulo e pela primeira vez se via alguém ser tratado psicoterapicamente em público, porque o diretor (dr. Rojas-Bermúdez) mostrava grande audácia e segurança no desempenho de seu papel. Naquela época (fim da década de 1950 e início da década de 1960) estava começando a ganhar impulso no país, e em São Paulo, as terapias de grupo e, também, uma nova turma de psiquiatras começava a se mostrar atuante.

O psiquiatra Fonseca (1996), em entrevista a Ronaldo Pamplona da Costa, também fala sobre essa repercussão:

> A partir daí, toda a comunidade psicoterápica de São Paulo teve contato com uma nova forma de psicoterapia, absolutamente diferente de tudo que fazíamos. Existia em São Paulo uma hegemonia da psicoterapia analítica – individual ou de grupo.
> [...] A comunidade de psiquiatras e psicólogos de São Paulo comentou muito essas demonstrações. Foi realmente um marco! Houve muita discussão e controvérsia sobre aquela nova abordagem.

Em outra entrevista, Fonseca (1993) deixa clara a sua reação ao psicodrama público:

> Eu me impressionei com o transbordamento emocional dos protagonistas e a vibração da plateia. Mas, a bem da verdade, já que estamos falando em história, eu já tinha presenciado algumas sessões de psicodrama. A Íris Soares de Azevedo já fazia psicodrama em São Paulo. Ela introduziu algumas pessoas na técnica, entre elas o José Manoel D'Alessandro e o Alfredo Correia Soeiro. Porém, com a vinda de Rojas-Bermúdez, em 1968, o movimento psicodramático tomou corpo.

Para D'Alessandro, de acordo com sua entrevista à psicodramatista Vivien Bonafer Ponzoni, o psicodrama público no Tuca representou o grande lançamento do psicodrama em São Paulo (Ponzoni, vídeo 4, 1984).

O psicodramatista Cesarino (entrevista, 2008) presenciou a direção de um psicodrama público por Moreno, em 1963, no III Congresso Internacional de Psicoterapia de Grupo, em Milão, na Itália. Em 1964, realizou um estágio com Serge Lebovici, em Paris, trabalhando como ego-auxiliar. Em entrevista registrada em vídeo, afirma que embora já houvesse tido a oportunidade de conhecer Moreno, na Europa, o contato com o psicodrama de Bermúdez, no Tuca, causou-lhe maior impacto (Borba, vídeo 1, 1993).

Podemos constatar que o Congresso Latino-Americano de Psicoterapia de Grupo de 1967, em São Paulo, foi de extrema importância para o movimento moreniano brasileiro, pois permitiu que vários psiquiatras e psicólogos participassem de uma vivência psicodramática, em grande grupo, pela primeira vez, por meio do psicodrama público de Rojas-Bermúdez. Isso acabou produzindo, em muitos profissionais, certo fascínio pela técnica psicodramática. Aliás, para muitos futuros psicodramatistas, esse evento determinou a escolha da formação em psicodrama.

Há muitas outras pessoas e acontecimentos transformadores de nossa história que também merecem ser celebrados. Registramos o nosso agradecimento especial a Rojas-Bermúdez, com o seu genial carisma, conhecimento e domínio técnico, e o reconhecimento de sua valorosa presença para o movimento moreniano brasileiro.

Di Loreto e Michael Schwarchild convidam Bermúdez

Ainda em 1967, Bermúdez realizou mais uma apresentação na Escola Paulista de Medicina. Nesse trabalho, estava presente na plateia o psiquiatra Oswaldo Di Loreto.

Oswaldo Di Loreto e Michael Schwarchild eram psiquiatras muito conhecidos (especialistas em psiquiatria infantil) e contavam com uma equipe que prestava atendimentos na Clínica Enfance, na rua Batatais, 388, em São Paulo. Eles também eram médicos do Hospital do Servidor Estadual (Costa, 2001).

Depois da referida apresentação pública na Escola Paulista de Medicina, Di Loreto procurou Bermúdez e lhe fez um convite, decisivo para o rumo do psicodrama: propôs a ele que ministrasse um curso de quinze dias para um grupo de profissionais da Clínica Enfance. Bermúdez aceitou o convite e marcou o curso para janeiro de 1968, no mês de suas férias (Borba, vídeo 2, 1998).

Entretanto, a notícia rapidamente se espalhou e não foi possível restringir o curso somente aos psiquiatras da Clínica Enfance, pois vários profissionais de outras instituições também queriam participar dele, dentre eles Íris, Soeiro, D'Alessandro, Cesarino.

Di Loreto passou um telegrama a Bermúdez, dizendo que mais pessoas estavam interessadas no curso; em resposta, Bermúdez propôs a formação de um segundo grupo. Após três dias, esse segundo grupo já estava lotado, e a procura continuava a crescer. Di Loreto, então, enviou um segundo telegrama a Bermúdez, e este recomendou que se formasse um terceiro grupo (Borba, vídeo 2, 1998).

E assim, quando Bermúdez chegou, em janeiro de 1968, já havia três grupos formados, com cerca de doze profissionais em cada um, num total exato de 37 pessoas.

Esses grupos foram batizados, posteriormente, de G1, G2 e G3 (com G remetendo a "grupo"). E, segundo Di Loreto (Borba, vídeo 2, 1998), o primeiro encontro aconteceu na primeira quinzena de janeiro de 1968, na Clínica Enfance.

Di Loreto (Borba, vídeo 2, 1998) ainda compartilha um fato curioso quanto aos famosos banquinhos do psicodrama. Antes do início do curso, ele havia pedido ao seu cunhado, José Rocha, que era marceneiro, que providenciasse um tablado de madeira, para servir de palco, e algumas cadeiras, para que as pessoas pudessem se sentar. Mas Rocha produziu banquinhos de madeira, com furos redondos nas laterais, para facilitar o manuseio. Mais tarde, Di Loreto observou que as salas de psicodrama em todo o Brasil passaram a ter banquinhos semelhantes. Portanto, Di Loreto e seu cunhado José Rocha foram os responsáveis pela existência dos banquinhos usados até hoje em sessões de psicodrama.

O segundo encontro também ocorreu na Clínica Enfance, na segunda quinzena de janeiro de 1968, envolvendo trabalhos de psicoterapia de grupo e seminários teóricos e técnicos.

Segundo Miguel Navarro, posteriormente a esses dois encontros na Clínica Enfance, cada um com a duração de uma semana, marcados por experiências e vivências intensas, no terceiro encontro, em fevereiro de 1968, os profissionais se reuniram no Hospital do Servidor (na sala de reuniões clínicas do Serviço de Psiquiatria e Psicologia Médica) para discutir a possibilidade de continuar o trabalho iniciado, sendo que todos foram favoráveis à manutenção da formação com Bermúdez. Então, ele afirmou que poderia vir ao Brasil a cada dois meses para uma semana inteira de trabalho psicodramático. Decidiu-se, desse modo, que seria organizada uma comissão, com representantes de todas as instituições envolvidas, para o estabelecimento de um grupo de coordenadores responsável pela comunicação entre Bermúdez e os demais alunos; assim se formava um novo grupo de estudos de psicodrama (Navarro, 1988).

Nasce o Grupo de Estudos de Psicodrama de São Paulo (GEPSP): 1968 a 1970

Soeiro (entrevista, 2008) contou-nos que, na eleição dos coordenadores, Bermúdez sugeriu que profissionais de diferentes instituições se candidatassem, para que todas tivessem representantes. Os órgãos envolvidos eram: Setor de Psiquiatria do Hospital do Servidor, Setor de Psiquiatria do Hospital das Clínicas, Instituto Nacional de Previdência Social (INPS), Hospital do Juqueri, Departamento de Psicologia do Instituto Sedes Sapientiae, Santa Casa, Faculdade de Psicologia da USP e Sociedade de Psicanálise de São Paulo.

Para que a votação fosse efetivada, cada participante deveria se aproximar de um dos candidatos, que permaneciam sentados.

Foram escolhidos oito coordenadores:

- Laercio de Almeida Lopes;
- Antonio Carlos Cesarino;
- Pedro Paulo Uzeda Moreira;
- José Manoel D'Alessandro;
- Íris Soares de Azevedo;
- Alfredo Correia Soeiro;
- Michael Schwarchild;
- Deocleciano Alves.

Íris (Borba, vídeo 1, 1993) relata um fato curioso com relação a essa eleição no Hospital do Servidor: na ocasião, os médicos psiquiatras eram os preferidos para a função; no entanto, Íris estava representando o Instituto Sedes Sapientiae, e, como já havia dado aulas de psicodrama no Sedes e no próprio Hospital do Servidor, foi muito votada pelos alunos. Foi assim que ela se tornou a única psicóloga a compor o rol de coordenadores do Grupo de Estudos de Psicodrama de São Paulo (GEPSP).

Essas pessoas ficaram encarregadas de organizar as vindas de Bermúdez ao Brasil, arrecadar fundos, marcar horários etc. (Navarro, 1988).

Pouco tempo depois, ainda em 1968, Deocleciano Alves e Michael Schwarchild desligaram-se do grupo, e a coordenação do GEPSP passou a ser constituída por seis pessoas, o que se manteve até 1970. Soeiro foi designado presidente-coordenador do GEPSP.

Ficou acordado entres todos os integrantes do grupo que Bermúdez e sua equipe de professores e egos-auxiliares argentinos viriam ao Brasil a cada dois meses, para ministrar um curso semanal, por três anos, de 1968 a 1970.

E assim, em fevereiro de 1968, foi criado o GEPSP, a primeira instituição psicodramática do Brasil, visando à formação de psicodramatistas, com certificados emitidos pela Associação Argentina de Psicodrama e Psicoterapia de Grupo, a qual, posteriormente, seria vinculada ao World Center, instituto de J. L. Moreno.

Os encontros do GEPSP passaram a acontecer na Clínica Honduras, uma vez que era o único local em São Paulo que possuía salas de psicodrama equipadas com palco, luzes e som, conforme nos explica Íris (Borba, vídeo 1, 1993).

O GEPSP promoveu a formação dos primeiros psicoterapeutas psicodramatistas paulistas (Motta, 2006), como veremos a seguir.

As aulas de Bermúdez

No início do GEPSP, havia apenas três grupos de alunos, denominados G1, G2 e G3. Nos encontros seguintes, mais pessoas se interessaram pelo psicodrama, e foram abertos mais dois grupos, chamados de G4 e G5, aumentando, assim, o número de alunos para cerca de setenta (em 1968).

Esses grupos destinavam-se à formação em psicodrama com foco psicoterápico, sendo que os cursos voltados ao psicodrama pedagógico só seriam ministrados a partir de 1969, como veremos adiante.

Soeiro (2008), em entrevista a nós concedida, explicou que as aulas de cada grupo ocorriam em períodos diferentes, de acordo com a seguinte distribuição:

- Manhã: G1 e G2.
- Tarde: G4 e G5.
- Noite: G3.

Com base no seguinte texto, publicado no boletim do GEPSP (*apud* Costa, 2001), podemos ter uma noção do método e das orientações do curso de Bermúdez:

> A formação se dá em dois níveis: o papel de diretor, somente para médicos, com exceção da psicóloga Íris Azevedo, e o de ego-auxiliar, tanto para os médicos como para os psicólogos. Os setenta alunos do dr. Bermúdez se reúnem durante uma semana, em cinco etapas no decorrer do ano. Nessa semana a dedicação ao curso é integral. Os grupos se reúnem de manhã, à tarde e à noite para sessões de terapia, seminários teóricos e para a realização de *role-playing* dos papéis de diretor, ego-auxiliar e supervisão. Na vigência da ditadura militar, o curso de psicodrama é um oásis de liberdade, no qual esses grupos de profissionais aprendem uma nova metodologia de trabalho, que passam a usar em suas instituições e consultórios.

A bibliografia recomendada por Bermúdez para o primeiro ano do curso é *Comunicação terapêutica*, de Jürgen Ruesch, *Terapia de grupo*, de F. L. Taylor, *Fundamentos da sociometria e psicoterapia de grupo e psicodrama*, de Moreno, *Psicoterapia breve e modificações na psicoterapia*, de Campbell, além das apostilas, elaboradas pelo próprio Bermúdez, com o tema: "A sessão de psicodrama, unidade funcional: diretor – ego-auxiliar e objeto intermediário".

Por intermédio da psicodramatista Maria Lucia Machado, residente na Bahia e uma das autoras do livro *Psicodrama e neurociência* (Fleury et al., 2008), foi-nos possível entrar em contato com Bermúdez, por e-mail, e ele nos escreveu um breve depoimento sobre os cursos ministrados no GEPSP:

> Com respeito à formação em psicodrama, o modelo que sigo baseia-se em dois enquadramentos diferentes e definidos: o psicodrama pedagógico ou didático e as sessões psicoterápicas. Este modelo está embasado no esquema de papéis quanto ao alcance e limites de cada enquadramento (psicodrama, sociodrama, aprendizagem de papéis, jogos dramáticos etc.). Estabeleceu-se uma diferença com a maneira moreniana de trabalho, que não fazia essa diferenciação entre enquadramentos.
> O enquadramento do psicodrama pedagógico permite jogar qualquer outro enquadramento dentro do contexto dramático, com os alunos no papel de diretor, ego-auxiliar, protagonista, auditório etc., enfatizando o "como se" e favorecendo o desenvolvimento dos papéis de diretor e ego-auxiliar.
> A utilização das imagens psicodramáticas tem especial importância dentro da formação e da supervisão, e isso se incrementou ao longo dos anos (Rojas-Bermúdez, entrevista, 2008-2009).

Podemos perceber que Bermúdez utiliza o psicodrama pedagógico como método para ensinar o psicodrama terapêutico.

No início de 1969, mais sessenta alunos ingressam no GEPSP, formando-se, então, mais três grupos terapêuticos, que foram chamados de N (inicial de "novos"): N1, N2 e N3. O conhecido psiquiatra José Ângelo Gaiarsa foi um dos participantes. O total nessa fase é de, aproximadamente, 130 alunos, segundo D'Alessandro (Ponzoni, vídeo 4, 1984).

O quadro seguinte apresenta a evolução dos grupos formados no GEPSP, de 1968 até o início de 1969.

1º ano – 1968 →	Grupos: G1; G2; G3; G4; G5	→	70 alunos
2º ano – início de 1969 →	Grupos: N1; N2; N3	→	60 alunos
	Total	→	130 alunos

Em entrevista ao psicodramatista Ronaldo Pamplona da Costa, Fonseca (1996), que era aluno do G3, relembra:

> Ele (o Bermúdez) passou a vir com uma equipe organizada constituída por ele mesmo e mais dois diretores psiquiatras, que eram: José Echanis e Gáston Mazieres, e mais três egos-auxiliares mais frequentes. No início [contávamos com] Edite Saal (depois ele acabou se separando da Edite e ela deixou de vir), e os egos que nos acompanharam durante todo o período de formação foram: Ariel Bufano, Suzana Etcheverry e Mercedes Bini. No meu grupo, o diretor, no caso o Bermúdez, era sempre o mesmo, mas os egos-auxiliares eram variados. Os diretores eram todos psiquiatras e médicos, e os egos-auxiliares não eram oriundos da área psi. O Ariel Bufano era ator de teatro e titeriteiro na Argentina; a Suzana era professora de inglês, e a Mercedes Bini, se não me engano, era antropóloga de origem, mas era professora de expressão corporal.
>
> [...] Fazíamos a sessão de psicoterapia e os seminários teóricos e técnicos com o mesmo grupo. Os professores se revezavam. No intervalo da vinda dos argentinos, que vinham a cada dois meses, o grupo se reunia com um colega brasileiro, que fazia parte da coordenação, para estudar determinados temas. Na verdade, o estudo teórico era feito em casa, mas nos reuníamos para transformar aqueles conceitos teóricos em imagens, dramatizar, fazer um aprendizado psicodramático dos conceitos teóricos de Moreno. O que se seguia basicamente eram os livros de Moreno. O livro do Bermúdez *¿Qué es el psicodrama?* ainda era fininho. O Bermúdez era absolutamente atualizado nesse aspecto. Em meados de 1960, ele introduziu autores na nossa formação que só mais tarde se tornaram famosos no Brasil, como todo o grupo dos teóricos da comunicação de Palo Alto. Todos os livros eram em espanhol: Ruesch e alguns estudos sobre etologia, que era uma coisa muito nova, e o livro de Gustav Bally, que ficou consagrado.

O psicodramatista Soeiro (2008) enfatizou, na entrevista que nos concedeu, que os cursos do Bermúdez apresentavam qualidades didáticas excelentes, dado o potencial de sua equipe argentina.

O legado intelectual de Bermúdez

O psicodramatista D'Alessandro, em entrevista concedida a Vivien Ponzoni (vídeo 4, 1984), afirmou que Bermúdez forneceu contribuição essencial ao psicodrama, do ponto de vista teórico e prático, ao organizar os fundamentos morenianos, pois firmou muito bem o referencial teórico básico, definindo claramente os cinco instrumentos do psicodrama (protagonista, diretor, palco, ego-auxiliar e público), suas três etapas (aquecimento, dramatização e comentários/análises), e ainda acrescentando um conceito que estava implícito na obra de Moreno: a definição dos três contextos (social, grupal e dramático). Além disso, descreveu, de modo preciso, a aplicação das técnicas psicodramáticas e estabeleceu a estruturação do trabalho em unidade funcional (diretor e ego-auxiliar), o que resultou em maior sistematização teórica para a prática do psicodrama e em uma visão global e integrada desse instrumento terapêutico, facilitando a compreensão e a utilização de sua metodologia.

D'Alessandro ainda assevera que outra importante contribuição de Bermúdez, dentre várias, relaciona-se com a psicoterapia de grupo processual. Como Moreno trabalhava constantemente com o psicodrama público – o que, em princípio, corresponde a uma sessão de terapia grupal em um único encontro –, Bermúdez pôde juntar o que já fazia em termos de abordagem psicanalítica (ou seja, psicoterapia com grupos constantes) com o método psicodramático, passando a realizar a psicoterapia psicodramática processual (Ponzoni, vídeo 4, 1984).

Vale mencionar, a título informativo, que Bermúdez produziu, baseado na obra moreniana, conceitos, técnicas e teorias que ele denomina de "aportes teóricos e metodológicos ao psicodrama", tais como o esquema de papéis, o objeto intermediário, o trabalho com as máscaras, a construção de imagens, a teoria do núcleo do eu, entre outros (Rojas-Bermúdez, 1997). Aliás, a teoria do núcleo do Eu foi uma importante base para que Soeiro desenvolvesse novas conceituações, apresentadas em seu livro *e Psicodrama e psicoterapia* (1976), e para que Victor Dias criasse, em 1985, a bem-conceituada "teoria da Análise Psicodramática".

O próprio psiquiatra e psicoterapeuta Victor Dias (depoimento, 2010) nos informa sobre a influência de Bermúdez em seu trabalho científico:

> Quando o psicodrama moreniano veio para a América do Sul, principalmente para a Argentina e para o Brasil, encontrou um tipo de profissional (médicos e psicólogos) acostumado com uma forma de psicoterapia processual, de influência psicanalítica.
>
> Todos nós sabemos que Moreno criou o psicodrama como uma forma de psicoterapia pontual, funcionando como ato terapêutico, como psicodrama público ou como psicoterapia curta e breve (algumas semanas no máximo).
>
> Essa adaptação do psicodrama moreniano, com o modo brasileiro e argentino de tratamento processual, criou a necessidade de uma ampliação da pouca psicopatologia contida na matriz de identidade.
>
> O psicodrama, com suas técnicas, seu contexto do "como se" e sua postura mais flexível, encantou a comunidade dos terapeutas, mas, com o passar do tempo, a necessidade de uma psicopatologia mais profunda e abrangente foi se tornando imperiosa.
>
> Coube a Rojas-Bermúdez a iniciativa pioneira de ampliar a psicopatologia do psicodrama, criando a teoria do núcleo do eu.

Com ela, os terapeutas puderam se localizar nos processos psicoterápicos processuais e nos tipos de psicopatologia de cada cliente.

Outros terapeutas o seguiram: Bustos foi buscar na psicanálise alguns conceitos de patologia para adaptar ao psicodrama; Soeiro foi buscar conceitos de etologia; Fonseca Filho desenvolveu a terapia da relação; e eu desenvolvi a Análise Psicodramática.

A Análise Psicodramática atualmente abrange: a psicopatologia, o desenvolvimento psicológico e também as técnicas e procedimentos para a abordagem das esferas intrapsíquicas, que não foram desenvolvidas nem no psicodrama moreniano nem no núcleo do eu.

Na criação da Análise Psicodramática, busquei muitas conceituações na teoria do núcleo do eu, de Bermúdez, nas técnicas e posturas do psicodrama de Moreno, nos procedimentos e técnicas de Bustos e alguns conceitos da psicanálise de Freud, para ampliar e fundamentar minha prática clínica e poder formular a teoria da programação cenestésica e a Análise Psicodramática.

Em 1977, Victor Dias e Içami Tiba elaboraram, conjuntamente, uma apostila com o título *Núcleo do eu*, com a finalidade de organizar os estudos sobre a teoria do núcleo do eu e tendo como público-alvo os alunos dos cursos de psicodrama, pois a teoria encontrava-se publicada somente nos *Cuadernos de Psicoterapia* (1971). Essa apostila faz parte do acervo da biblioteca da ABPS.

Na introdução, escrevem os autores:

> Na fundamentação teórica procuramos reproduzir o mais fielmente possível a teoria tal como foi publicada pelo professor Bermúdez. Para a psicopatologia nos baseamos nos cursos ministrados por ele, e em nossa experiência como professores nas variadas entidades brasileiras dedicadas ao ensino de psicodrama.
>
> Como a parte de psicopatologia não foi ainda totalmente publicada pelo seu criador, e atendendo aos pedidos de nossos alunos, tomamos a liberdade de reproduzir aqui não só o aprendido nos cursos com o professor Bermúdez, mas também de expressar algumas conclusões advindas de nossa experiência didática.
>
> Expressamos aqui a nossa admiração, amizade e agradecimento ao professor Bermúdez.

Soeiro (entrevista, 2009) informou-nos de que a referida monografia foi tão bem elaborada que ele pôde utilizá-la nas aulas que ministrou em Portugal, nos anos de 1980.

No livro *Psicodrama e neurociência: contribuições para a mudança terapêutica*, a psicodramatista Heloisa Junqueira Fleury (2008), que é uma das organizadoras da obra, junto com Khouri e Hug, assinala a importância de Bermúdez para o desenvolvimento do psicodrama no Brasil:

Rojas-Bermúdez foi pioneiro na atenção aos aspectos neuropsicológicos da metodologia psicodramática, fundamentando sua teoria e propostas metodológicas na necessária interligação entre estruturas cerebrais. Contribuiu com a ideia da imagem psicodramática e a técnica de construção de imagens como potente recurso nos processos humanos de mudança. Elaborou a teoria emergentista da personalidade ou teoria do núcleo do eu.

Fonseca (1996), por sua vez, em entrevista a Ronaldo Pamplona da Costa para o projeto "Memória do Psicodrama no Brasil", assim sintetizou o legado intelectual de Bermúdez:

> O Bermúdez é um profissional absolutamente talentoso e de grande valor. Ele foi um apaixonado pelo psicodrama sem ter visto o psicodrama, fez a leitura da obra de Moreno e foi o pioneiro na Argentina. Com companheiros mais jovens, ele formou um grupo de estudos e foi o líder dos que começaram a estudar a obra de Moreno e a empregar o psicodrama segundo o entendimento que faziam da leitura. Nesse grupo pioneiro estava o Pavlovsky, que era um pouco mais jovem que o Bermúdez. O psicodrama de Bermúdez, então inicial, foi muito diferente daquele que o Moreno fazia. Ele esteve em Beacon muito rapidamente, ainda quando havia o hospital psiquiátrico, mas estava em fase de fechamento e se transformando em centro de treinamento. Bermúdez fez o psicodrama segundo o seu entendimento, o chamado psicodrama "bermudiano". A parte teórica também passou a ser diferente. Ele começou com o esboço do "núcleo do eu" e o entendimento da "teoria de papéis". Não havia nenhum "racha" político, pelo contrário, ele era apadrinhado por Moreno. Através do Bermúdez começou a existir um grande movimento de psicodrama na América do Sul. Isso era evidentemente lisonjeador e altamente interessante para o velho Moreno.

Em novembro de 1969, na introdução do livro *Títeres y psicodrama*, de Rojas-Bermúdez (1970a) – obra em que o autor relata seu trabalho com psicóticos, utilizando os fantoches como objeto intermediário entre o terapeuta e o paciente –, Moreno escreveu:

> É para mim um extraordinário prazer fazer uma introdução a este volume de *Títeres y psicodrama* de J. G. Rojas-Bermúdez. Representa uma valiosa contribuição ao campo crucial do processo de aquecimento, especialmente em sua aplicação ao tratamento dos psicóticos crônicos. Rojas-Bermúdez utiliza o fantoche e o denomina "objeto intermediário", porque é um objeto e por sua função de mediação. É um termo muito acertado para esse procedimento clínico e é aplicável muito mais além do psicótico crônico.
> Na teoria psicodramática, o processo de aquecimento é um termo técnico que resume as operações subjetivas e objetivas que conduzem a uma resposta adequada por parte do sujeito. Pode

ser estimulado por iniciadores físicos (processo físico complexo em que as contrações musculares desempenham um papel fundamental), por iniciadores psíquicos (imagens e sentimentos do sujeito que frequentemente são sugeridos por outra pessoa) e iniciadores psicoquímicos (estímulos artificiais como o álcool, o café etc.). Talvez devêssemos acrescentar, a partir de agora, os iniciadores simbólicos (fantoches, contos de fadas etc.).

Em tempo: o livro *¿Qué es el psicodrama?*, de Rojas-Bermúdez, originalmente publicado em 1966, foi traduzido para o português pelo psicodramatista José Manoel D'Alessandro e teve sua primeira edição lançada em 1970, com o título *Introdução ao psicodrama*, mas essa obra encontra-se, atualmente, esgotada no Brasil.

No cenário, as duas cadeiras-símbolo

Antes de iniciar uma sessão psicodramática, Rojas-Bermúdez costuma inserir, no meio do palco, duas cadeiras que representam o psicodrama, cuidando para que estas se juntem, por meio de um dos pés dianteiros, e formem um ângulo de noventa graus entre si. Essa disposição indica que no espaço psicodramático haverá uma interação e um encontro entre protagonista, diretor e personagens. No teatro convencional, ao contrário, as cadeiras são encostadas pelos pés traseiros, pois os atores desempenham papéis previamente ensaiados e não precisam interatuar para desenvolver um vínculo no palco, visto que o encontro já se deu no ensaio.

Bermúdez afirma que as duas cadeiras, nessa posição, chamam a atenção do público para o palco, constituindo-se em um foco gerador de estímulos para a ação de dramatizar antes mesmo de iniciada a sessão.

Moreno costumava começar a sessão fora do palco ou em seu primeiro nível. Bermúdez utiliza duas formas básicas de abertura, conforme o tipo de psicodrama: se for um psicodrama público ou com auditório muito numeroso, inicia-se o aquecimento no meio do auditório; nos psicodramas habituais, o aquecimento é realizado no palco, tomando como ponto de partida as cadeiras-símbolo unidas pelos pés anteriores.

Nesse caso, o diretor, no início da dramatização, separa as duas cadeiras, como se estivesse abrindo as cortinas no teatro, depois de ter ocorrido o encontro entre diretor e protagonista, e passa-se à construção do contexto dramático.

Com o encerramento da última cena, o diretor reaproxima as duas cadeiras, ato que equivale ao fechamento das cortinas.

Portanto, as cadeiras também sinalizam o início e o fim da dramatização.

Para Bermúdez, a marcação do cenário com as cadeiras é imprescindível por exprimir simbolicamente que se realizará, naquele espaço, uma sessão de psicodrama público.

A vivência relacional dos aprendizes

Com relação aos formandos do GEPSP, pudemos observar, mediante nossas entrevistas e vídeos do projeto "Memória do psicodrama no Brasil", que os alunos compartilhavam os mesmos sentimentos: a alegria e o prazer de se encontrarem e vivenciarem juntos as atividades psicodramáticas, somando-se à sensação de pertencimento a um grupo.

Nesse sentido, o psiquiatra e pioneiro Laercio de Almeida Lopes (Borba, vídeo 1, 1993) comenta:

> As pessoas que entraram em 1968 [no GEPSP] o fizeram com muito entusiasmo. Foi uma época de vida muito grande, e isso, para mim, é admirável e me deixa muita saudade. [...] Era uma alegria muito grande a gente se encontrar naquela semana. Deixava-se de trabalhar e vivia-se para aquele grupo com uma alegria muito grande. Era gostoso encontrar as pessoas. Era algo de um entusiasmo notável.

O psicodramatista Antonio Carlos Cesarino (Borba, vídeo 1, 1993) também nos fornece um depoimento sobre a sua vivência, do qual destacamos o seguinte trecho:

> No GEPSP, tínhamos uma sensação de liberdade muito grande nessas semanas em que havia o curso. E isso formou um grupo muito forte, que possibilitou liberar energias criativas de uma maneira muito intensa, e que passou de um grupo de dez ou doze pessoas, no primeiro encontro, para um total de quase duzentas pessoas, depois de dois anos.

Cesarino (1999), igualmente, relata a sua visão a respeito do modo como o psicodrama chegou ao país, no início de 1968:

> Chegou como é o jeito de uma boa sessão de psicodrama: quebrando tabus, explodindo estruturas. Nossos tutores argentinos vinham a cada dois meses e aqui ficavam cerca de oito dias. Nessas semanas, o clima era mágico; é muito difícil descrever. Basta dizer, por enquanto, que havia uma inusitada sensação de estar vivendo algo historicamente novo. Em poucos meses, os três grupos iniciais cresceram para 11 grupos (mais de 120 alunos). Foi tão grande a procura que foi necessário (porque a estrutura não conseguia dar conta) barrar de início a incessante demanda.
>
> O que aconteceu às pessoas que participavam dessas experiências iniciais? O *boom* do psicodrama em São Paulo teve na época enorme repercussão no meio psiquiátrico-psicológico de São Paulo.

Alterou de início o fluxo da demanda dos clientes de psicoterapia. Modificou relações familiares de muitos dos envolvidos; não foram poucos os casamentos que explodiram, as relações individuais se modificaram, criaram-se sólidas e definitivas ligações e, naturalmente, as relações terapêuticas se modificaram. Num período em que tudo era perigoso, penoso e limitado, surgiu subitamente diante de um grupo de jovens não apenas uma alternativa dentro da formação psicoterápica, mas um mágico espaço *desalienante* e *libertador*. Esse grupo sentia dentro de si mesmo o crescer do "homem espontâneo" de Moreno, a natureza livre da "plena atualidade do viver". Durantes as semanas do curso havia um grande sentimento de pertencer a um grupo essencialmente amigo, próximo; aí se vivia e se atuava, sentia calor humano, se dava e se recebia afeto sem economia e sem reticência; as relações se realizavam com grande calor e riqueza humana.

Ilusão que preenchia carência anterior de liberdade e descontração? *Acting-out* coletivo (como diziam os psicanalistas de então)? Talvez também, mas foi um grupo intensamente produtivo.

Nessa época, vários sofrimentos e dores marcavam o povo; num contexto político de repressão, conscientes e contestadores, os artistas, de algum modo, continuavam a abrir espaço para a arte, para a alegria, para o belo, para a criatividade, para a liberdade e para o amor, em prol do povo. E os envolvidos com o psicodrama também.

O momento político brasileiro

Fazendo uma correlação dessa fase do psicodrama brasileiro com a história do Brasil, recordemos que, em 13 de dezembro de 1968, houve a decretação do AI-5 (Ato Institucional nº 5) pelo governo federal, que mudou a face do Brasil, calando o povo com a censura e reprimindo-o com a expansão do autoritarismo militar.

Sobre a repercussão do AI-5, Cesarino (1999) assinala:

> A repressão tornou-se brutal, estabeleceu-se um terrorismo de Estado, em que todas as garantias e liberdades civis foram abolidas. A atividade política aberta foi circunscrita ao estritamente permitido e o *medo* passou a ser o grande denominador, que com maior ou menor grau de consciência norteava os posicionamentos.
>
> Os movimentos de resistência foram desaparecendo. A luta armada foi esmagada violentamente, a contracultura foi sendo lentamente absorvida, transformada em modismo, "naturalizada" como natural inconformismo dos jovens.

Júlia Motta (2008) complementa esse depoimento com um informativo panorama da época:

Não é demais relembrar que o endurecimento da ditadura com o AI-5 autorizava os militares a agirem sobre a liberdade e segurança dos brasileiros com o arbítrio próprio do regime. A combinação de autoritarismo e crescimento econômico deixou a classe média em um clima de ambivalência, e, na busca de uma expressão de oposição, setores da classe média viram na cultura a possibilidade de protesto e oposição ao governo. Buscavam nas expressões das artes e do conhecimento o canal de comunicação entre as pessoas. Quando da expansão da psicologia, a psicanálise já estava instalada como o ideal buscado pela maioria, mas atingido por poucos. A psicologia reconhecida como profissão (1962) criava cursos e mais cursos centrados na clínica. A psicanálise de grupo já florescia no cenário paulista, abrindo caminho para outras abordagens de grupo, dentre elas, o psicodrama.

Fonseca (1993) retratou o clima revolucionário da época em um valoroso testemunho:

> O psicodrama foi um *boom*, um movimento revolucionário no meio psicológico paulista. Os jovens "psi" ficaram entusiasmados com a psicoterapia de ação. O momento que os jovens politizados, que se opunham à ditadura militar, e os jovens do mundo viviam em termos do questionamento dos velhos valores (Paris, 1968) representou uma potencialização do movimento psicodramático brasileiro.
> [...] Vivíamos sob a ditadura militar, exatamente quando ela estava se tornando mais violenta. Entre os jovens, pelo menos em sua maioria, havia uma grande revolta em relação ao que acontecia: repressão, prisão, perseguição, tortura, morte. Muitos passaram a militar na subversão do regime, começaram a ser presos, a morrer, a "sumir". Esse era o clima que nos envolvia. Coincidentemente, esse período é o mesmo da revolução estudantil de 1968, em Paris, que transpôs os limites franceses e espalhou-se pelo mundo. Então, havia um caldo de cultura mundial e nacional propício ao questionamento dos valores estabelecidos, já que estava aberto às novidades. Éramos jovens psiquiatras e psicólogos sequiosos por novos conhecimentos. No Hospital do Servidor e no Hospital das Clínicas, iniciávamos o movimento de psicoterapia de grupo, ao qual veio se agregar o psicodrama. Por meio das técnicas de grupo e do psicodrama era possível atingir o grupal, o familiar, o social, o cultural e o político. O movimento da psicoterapia de grupo e do psicodrama representava a liberação do *setting* intimista da psicoterapia individual. Nossos "gurus" passaram a ser Moreno, Lewin, Slavon, Bion, Foulkes, Rodrigué, Langer e muitos outros.

No mundo surge a contracultura

Vamos ampliar nosso olhar para considerarmos o que acontecia de predominante na cultura mundial no final da década de 1960.

Nessa época, destacou-se o movimento da contracultura: surgido nos Estados Unidos, no início dos anos de 1960, tornou-se universal, expressando-se como forma de contestação à cultura dominante. O seu mais famoso desdobramento foi o chamado "movimento hippie", que pregava a paz, o amor, a vida em comunidade, a liberdade nos relacionamentos sexuais e amorosos, o culto ao prazer, a oposição aos princípios do capitalismo, a valorização da natureza, o respeito às minorias raciais etc.

Um filme que representa muito bem essa época é *Aconteceu em Woodstock* (2009), do consagrado cineasta taiwanês Ang Lee, a que assistimos em outubro de 2009 na 33ª Mostra Internacional de Cinema de São Paulo. Essa fita retrata com êxito a atmosfera psicodélica da época e, sobretudo, o "movimento hippie". A esse respeito, vale lembrar que o mais famoso de todos os festivais de música, o Festival de Woodstock, aconteceu nos dias 15, 16 e 17 de agosto de 1969, na cidade rural de Bethel, a 160 quilômetros de Nova York, com a participação de artistas de diversos estilos musicais, como o blues, o folk e o rock, reunindo quinhentos mil jovens. Com seus três dias de paz e música, marcou o apogeu do movimento da contracultura.

Fonseca (Borba, vídeo 2, 1996), ao abordar o aspecto cultural da década de 1960, afirma que esse período representou o auge dos grupos nos Estados Unidos; segundo ele, aqueles foram os anos, além dos grupos, da atenção ao corpo e da abertura sexual. Contudo, somente na década de 1970 esse movimento chegou com força ao Brasil.

Porém, segundo o psiquiatra Laercio de Almeida Lopes (Borba, vídeo 1, 1993), no Brasil, até 1968, talvez como reflexo desse movimento mundial, ainda havia certa crença na possibilidade de contestar o preestabelecido, incluindo a ditadura. A década de 1960, também no Brasil, foi riquíssima em termos de efervescência cultural, de expansão do ego, do movimento da comunicação, da rebelião dos costumes, da rebelião política, da liberação sexual, da explosão de vida e entusiasmo, principalmente pelo fato de as pessoas estarem muito predispostas ao encontro, de estarem mais juntas. O psicodrama respondia a esse anseio de comunicação e encontro entre as pessoas.

De acordo com Coimbra (1995), a contracultura "[...] atravessa a década de 1960, fascinando boa parte da juventude de classe média europeia e latino-americana", sendo que, no Brasil, seu ápice foi em 1968. Para a autora, as práticas psicodramáticas se inserem no grande movimento contracultural.

Durante entrevista com Fonseca (1993), seus interlocutores, da Febrap, fizeram uma pertinente análise:

Seria interessante abordar a ligação político-cultural da época com o psicodrama. Existia na prática psicoterápica de então um questionamento do poder do psicoterapeuta. O psicodrama aparecia como uma psicoterapia alternativa, ao romper com a "ditadura da psicanálise" e questionar essa autoridade. E a própria postura do terapeuta psicodramático já oferecia o compartilhamento do poder. Então, o psicodrama surgia como um movimento cultural e político, e não somente como uma teoria psicológica.

Nesse contexto mundial e nacional, o psicodrama foi acolhido no Brasil de 1968, um ano emblemático.

Em agosto de 1969, muitos alunos do GEPSP, dando continuidade a sua aprendizagem psicodramática, viajaram a Buenos Aires – encontrando uma Argentina em que ainda não havia ditadura militar (a qual se iniciou em 1976) – para participar (inclusive com a apresentação de trabalhos) do IV Congresso Internacional de Psicodrama e Sociodrama, em que estiveram presentes Moreno e sua esposa Zerka.

Em Buenos Aires, o Congresso de 1969

Realizado na Faculdade de Medicina da Universidade de Buenos Aires, de 24 a 31 de agosto de 1969, o IV Congresso Internacional de Psicodrama e Sociodrama foi organizado pela Associação Argentina de Psicodrama e Psicoterapia de Grupo.

Rojas-Bermúdez (1984), o presidente do congresso, sentiu-se honrado com a presença de Moreno, que foi nomeado presidente honorário:

> [...] sendo esta a única oportunidade em que o criador do psicodrama visitara o território latino-americano. O êxito foi ressonante, tanto no que se refere à produção científica alcançada, como na afluência do público. Neste último aspecto, constitui-se no congresso internacional da especialidade que congregara o maior número de inscritos (mais de 1.800 participantes), entre os realizados até o momento, e no primeiro internacional de psicodrama do continente americano.

Nesse congresso, os brasileiros se destacaram pelo comparecimento em grande número, como relembra Miguel Navarro (1988):

> Os brasileiros organizaram grande participação de profissionais alunos em psicodrama e são escolhidos para participarem de mesas-redondas, workshops etc. Moreno está presente, mas já não dirige, é difícil se locomover e é carregado, mas Zerka Moreno está presente e faz um psicodrama público; Rojas-Bermúdez também. Os brasileiros estão em grande número, e sua presença acaba servindo de argumento de peso para que, na reunião dos dirigentes do movimento psicodramático mundial, o dr. Rojas-Bermúdez tente convencer Moreno, Zerka e outros de que o próximo congresso de psicodrama deva ser no Brasil e no próximo ano, alternando, assim, o esquema que vinha sendo seguido para os congressos internacionais de psicodrama: a cada dois anos, e que o próximo deveria ser na Europa.

D'Alessandro (Borba, vídeo 1, 1993) afirma que o congresso foi muito bem organizado por Bermúdez, e que a ele também se atribuiu enorme prestígio por estar formando grande número de profissionais em São Paulo.

O sucesso do evento pode ser comprovado pelo discurso de despedida de um Moreno entusiasmado, o qual foi proferido em 27 de agosto de 1969, conforme nos relata Rojas-Bermúdez (1980):

As Palavras do Pai

Amigos:
Prefiro pôr-me em pé para poder contemplá-los. É para mim uma profunda honra estar aqui, nesta oportunidade, com nosso amigo, o dr. Rojas-Bermúdez, que tanto fez para preparar o caminho.
Penso que já os conheço, que conheço a cada um de vocês individualmente; hoje, não necessito do dr. Bermúdez; cada um de vocês é um Rojas-Bermúdez.
Há um livro que vamos publicar, agora, em castelhano. O nome do livro é *As palavras do pai*. Que significa este livro para vocês e para mim? O que o pai deseja de nós?
As palavras do pai oferecem um compromisso; o que o mundo necessita na atualidade é unidade; se não existe unidade no cosmos, se não existe humanidade, se nos dividimos em fragmentos, em pedaços, não há esperança para a humanidade, o homem não vai sobreviver. Para unir a humanidade, temos que começar hoje, aqui em Buenos Aires. Vocês devem iniciar. A família, irmãos e irmãs, aqueles que se amam, cada pequeno grupo, porque as revoluções não nos têm ajudado. Houve uma revolução americana, russa, francesa, chinesa e cubana. E a que chegamos? A nada. Temos que fazer algo entre nós, temos que fazê-lo com um método e em pequenos grupos. Vocês e eu, vocês, vocês são os que têm que continuar.
Chegamos à Lua, chegaremos a Vênus, Marte, conquistaremos todo o Universo físico, mas estaremos nas mesmas pobres condições atuais; o mundo físico estará vazio, perderemos nossa alma.
Amigos, estas são as palavras do pai, este é o compromisso com a humanidade; é preciso criar uma verdadeira família humana.
As palavras do pai são: "Eu criei vocês, vocês devem continuar criando, criando-se a si mesmos, têm que trabalhar para uma forma final de humanidade, para a paz, porque falta criatividade e não pode haver criatividade se se matam uns aos outros. Deixo a vocês, a meu filho Rojas-Bermúdez, a meu filho Moreno, a minha filha Zerka, deixo a vocês o psicodrama, a dinâmica de grupos, a sociometria, a psicoterapia de grupo. Mas falta, a vocês, que vivam tudo isso; não o deixem em livros mortos; têm que vivê-lo para chegar a uma solução". As palavras do Pai seguem ao Velho e ao Novo Testamento, são um testamento de nossa época.

Nunca se procurou trabalhar para cima. Karl Marx foi um grande pensador, mas quis trabalhar com as grandes massas e esqueceu-se dos pequenos grupos, das pessoas, e esses pequenos grupos não tinham pais, não tinham mães, não tinham seu próprio eu e permaneceram passivos, esperando Hitler, esperando Mussolini. Nós não precisamos deles, cada um tem que começar por si mesmo, cada um de nós com nossos pequenos mundos, porque é nesses pequenos mundos que existe espontaneidade.

Marx foi um homem enfermo, não pôde fazer nada por si mesmo, morreu enfermo, do fígado, perdido em seus pensamentos, indefeso. Hitler suicidou-se, matou a sua amante. Que aconteceu? Nada, muito ruído, demasiado ruído.

Vivemos num mundo desesperado, todos estão desesperados, todos vivemos esperando o instante da morte; posso ver aqui cadáveres, muitos cadáveres, dentro de 50 a 60 anos, de modo que é necessário viver, agora, num mundo nosso, e não esperar.

Seguramente, vocês dirão que já têm ouvido palavras; é certo, têm existido muitos homens sábios; Buda, Cristo o foram. São palavras sábias, mas a sabedoria não é suficiente, falta a ação.

As palavras do pai não dizem nada de novo, mas algo que vocês já conhecem internamente em seus corações e sabem que é certo.

Penso, com muita certeza, que devemos começar aqui em Buenos Aires. A América Latina compreende muitos países: Brasil, Venezuela, Colômbia, Paraguai, Uruguai. Realizemos, então, um congresso, a cada ano, na América Latina. Um congresso não de palavras, mas de ações, um congresso para aprender a viver, porque o psicodrama é um método que nos ensina a viver, a todos, aos médicos, aos esposos, às esposas, aos eletricistas, às datilógrafas. Para aprender a viver, e por esse motivo, decidimos que nosso próximo congresso terá lugar no Brasil, na cidade de São Paulo, no próximo ano. Salve o Brasil, salve!

Esta é minha esposa Zerka; ela e eu somos sócios, viajamos pelo mundo, difundindo as palavras do pai, porque entendemos que se pode fazer algo agora, em nosso tempo, algo que podemos fazer, vocês e eu, algo para nosso mundo, para o que não necessitamos de ditadores, não necessitamos de filósofos.

As palavras do pai não constituem uma obra mística, mas algo relacionado com fatos, algo atual, operacional, útil, se se utiliza; de modo que abro meus braços para o Brasil, onde estaremos no próximo ano, abro meus braços a São Paulo, ao Rio, a todo o Brasil e, também, a toda a América Latina; vamos encontrar-nos, como hoje, aqui, me encontro com vocês, coração a coração.

Um encontro de dois: olho a olho, cara a cara,

E, quando estiver perto, arrancarei teus olhos e

Os colocarei no lugar dos meus;

E tu arrancarás meus olhos

E os colocarás no lugar dos teus;

Então, olhar-te-ei com teus olhos

E tu me olharás com os meus.

Esse sensível e sábio discurso, realizado no século passado, mostra quanto Moreno era um homem visionário, à frente do seu tempo, pois a sua mensagem central continua atual para o mundo do século XXI.

Soeiro (entrevista, 2008) informa que, naquela mesma noite, o "grupo dos seis" foi convidado para jantar na casa de Bermúdez, onde estiveram Moreno, Zerka e integrantes de delegações estrangeiras. Bermúdez e Moreno conversavam quando, em dado momento, chamaram Soeiro, que se aproximou e ouviu de Moreno: "Meus parabéns, o próximo congresso será em São Paulo e você será o presidente". Existe até uma fotografia que registra esse momento. E, de fato, assim foi.

Rojas-Bermúdez (1980) conta que, após a indicação do presidente do V Congresso Internacional de Psicodrama, ele sugeriu que também se realizasse, conjuntamente, o I Congresso Internacional de Comunidade Terapêutica, tendo como presidente honorário o psiquiatra radicado na Inglaterra Maxwell Jones, considerado o criador do conceito de comunidade terapêutica, com o que Moreno concordou.

De acordo com Motta (2008), "o GEPSP impulsionou de tal maneira a penetração do psicodrama em São Paulo que levou Moreno a encarregar os brasileiros de organizarem o V Congresso Internacional de Psicodrama".

Imaginamos o regresso triunfante ao Brasil daqueles alunos que, ligados apaixonadamente ao psicodrama, teriam o privilégio de organizar um congresso de nível internacional, tendo Moreno como presidente honorário, na própria cidade onde estudavam. Quanta emoção!

Ademais, podemos perceber que o movimento psicodramático na América Latina já estava em crescente expansão; no Brasil, o GEPSP, em outubro de 1969, ampliou ainda mais seus cursos e número de alunos, contando com a vinda da pedagoga argentina Maria Alicia Romaña, que também havia apresentado parte de seu trabalho no congresso de Buenos Aires.

Uma inventiva educadora introduz o psicodrama pedagógico no Brasil: Maria Alicia Romaña

Romaña (1987) nasceu em 1927, na cidade de Resistência, na província do Chaco (Argentina). Em 1944, tornou-se docente em Buenos Aires e, em 1950, formou-se em pedagogia na Universidade Nacional de Buenos Aires.

A psicodramatista Herialde Silva (2008) assim complementa a apresentação:

> A autora do marco teórico do psicodrama socioeducacional, na Argentina e no Brasil, foi Maria Alicia Romaña. Em 1963, ela se formou em psicodrama e psicoterapia de grupos, em Buenos

Aires. Em 1969, apresentou oficialmente o "psicodrama pedagógico" no IV Congresso Internacional de Psicodrama. Em 1976, mudou-se para São Paulo, onde desenvolveu projetos, escreveu livros, supervisionou, orientou monografias, ministrou cursos e fundou a primeira escola brasileira de psicodrama pedagógico, participando de escolas e cursos que surgiram depois em todo o Brasil. Em 2005, Romaña voltou à Argentina, sua terra natal.

Segundo a própria Romaña (1996), foi no inverno de 1962 que ela, como paciente, participou pela primeira vez de uma sessão de psicoterapia psicodramática, com os doutores Rojas-Bermúdez e Fiasqué na direção.

Naquela época, ela estava "à procura de um método didático que respondesse de alguma forma a uma concepção fenomenológica da educação" (Romaña, 1996).

Em 1963, Romaña ingressou no curso de formação em psicodrama da Associação Argentina de Psicodrama e Psicoterapia de Grupo, o qual durou três anos, incluindo aulas teórico-práticas e sessões de psicoterapia. Seus professores foram: Rojas-Bermúdez, Eduardo Pawlowsky e Carlos Martínez-Bouquet.

Como essa aprendizagem abrangia especificamente o psicodrama psicoterápico, Romaña empenhou-se em começar a construir um marco teórico adequado para a aplicação na área da educação. Constatou, então, que a linha metodológica do trabalho psicodramático era fundamentalmente indutiva e, assim, passou a investigar as seguintes questões:

- Como introduzir as dramatizações na sala de aula?
- Como aconteceria a organização do conhecimento no aluno, com esse conhecimento sendo desenvolvido por meio de técnicas psicodramáticas?
- Quais técnicas psicodramáticas poderiam ser utilizadas na situação de aprendizagem?
- Qual grau de mobilização emocional seria compatível com a situação de aprendizagem?
- Como o educador deve se organizar para a coordenação das dramatizações?
- A espontaneidade/criatividade pode ou não ser orientada?
- Qual das formas prováveis de realização das dramatizações seria a mais adequada para a situação de aprendizagem? (Romaña, 1996).

Ao iniciar a sua fase de pesquisa (de 1963 a 1968), Romaña trabalhou com grupos de crianças, jovens e professores, e denominou o método que vinha desenvolvendo de "técnicas psicodramáticas aplicadas à educação".

Entretanto, Romaña considera que a apresentação oficial do psicodrama pedagógico ocorreu somente em agosto de 1969, no Congresso Internacional de Buenos Aires.

Em consequência de suas demonstrações nesse congresso, a autora do método foi convidada a orientar a formação psicodramática de educadores oferecida pelo GEPSP, de outubro de 1969 até outubro de 1970, utilizando pela primeira vez a expressão "psicodrama pedagógico" (Romaña, 1996).

No GEPSP, com quase quarenta alunos inscritos no curso pedagógico, formaram-se quatro grupos para professores (abrangendo o pré-primário, primário e secundário) e para orientadores pedagógicos. Os brasileiros D'Alessandro e Uzeda Moreira (coordenadores do GEPSP) participaram da equipe pedagógica (Costa, 2001).

Logo, o curso de Alicia Romaña passa a funcionar em local diferente em relação ao curso de psicodrama terapêutico (Motta e Davoli, 1984). Aliás, segundo Costa (2001), essa foi uma tendência geral dos cursos do GEPSP, que passaram a ser também ministrados em mais quatro consultórios, pertencentes aos próprios alunos (consultórios esses então situados nas ruas Batatais, São Carlos do Pinhal, Pio XII e Doutor Seng), além da Clínica Honduras.

Maria Alicia Romaña, incansável ativista no campo da aprendizagem e do ensino, criativa, abrindo um novo caminho para o psicodrama pedagógico, constantemente pesquisadora, estudiosa e reflexiva, sistematizou a sua própria teoria inicial, criando a pedagogia do drama, ressituando seu significado ideológico de consciência e liberdade, com o compromisso de integrar o afetivo ao cognitivo. Sempre incentivou a ousadia na ação, porém com prudência e adequação, jamais deixando de estabelecer a comunicação entre o conhecimento, a experiência dramática e a realidade da vida.

Em nossos contatos pessoais e profissionais, Alicia sempre nos estimulou no sentido da utilização de recursos dramáticos como jogos e teatro espontâneo, para que nunca deixássemos de incluir o lúdico e a alegria nos trabalhos com os grupos.

Maria Alicia Romaña é uma pioneira que jamais desistiu de seus sonhos e ideais, mesmo diante de situações difíceis e injustas que se interpuseram em seu caminho. A ela agradecemos o estímulo, o incentivo e sua contribuição teórica e prática para o psicodrama.

Novíssimos grupos do GEPSP: NN

Em dezembro de 1969, os grupos terapêuticos do GEPSP aumentam, com o início de mais três turmas: NN1, NN2, NN3 (NN significando "novíssimo") (*Boletim GEPSP apud* Costa, 2001).

No quadro seguinte, apresentamos uma síntese dos grupos:

1º ano – 1968	→	5 grupos: G1; G2; G3; G4; G5	→	70 alunos
2º ano – 1969	→	3 grupos: N1; N2; N3	→	60 alunos
		4 grupos pedagógicos	→	38 alunos
3º ano – 1970	→	3 grupos: NN1; NN2; NN3	→	32 alunos
		Total	→	200 alunos

Nos grupos NN, "os alunos passam a fazer psicoterapia e supervisão com o doutor Gaston Mazieres, da equipe argentina, e a ter aulas também com os brasileiros da coordenação do GEPSP" (*Boletim GEPSP apud* Costa, 2001).

Segundo Íris Soares de Azevedo (Borba, vídeo 1, 1993), os seis coordenadores, incluindo ela mesma, recebiam do Bermúdez uma carga extra de formação teórica e, também, realizavam terapia duplamente, entre eles e no grupo G1, a que pertenciam, pois o objetivo era que os seis alunos se tornassem didatas e pudessem fundar associações e sociedades brasileiras de psicodrama quando Bermúdez retornasse ao seu país.

Esse objetivo realmente foi alcançado, porém, os demais alunos demonstraram insatisfação, pois desejavam que houvesse um rodízio dos coordenadores, já que estes permaneceram os mesmos desde o início do GEPSP.

O "grupo dos seis", que inicialmente tinha finalidade organizadora e administrativa, passou em 1970 a exercer também uma função de docência em relação aos demais alunos, pois Bermúdez os havia escolhido, por sua própria conta, para que fossem os primeiros didatas no Brasil.

Entretanto, como afirma Navarro (1988), com a decisão de que o congresso internacional viria a São Paulo, todos se entusiasmaram e se empenharam na preparação de trabalhos que garantissem o sucesso desse grande evento, deixando, na ocasião, os questionamentos de lado.

O GEPSP publica a primeira revista de psicodrama do mundo

Psicodrama é o nome da revista que foi editada pelo Grupo de Estudos de Psicodrama de São Paulo, em agosto de 1970, em três idiomas (português, francês e inglês), às vésperas do Congresso do Masp.

Seus responsáveis foram:

- Diretor honorário: J. G. Rojas-Bermúdez.
- Coordenação: Íris Soares de Azevedo; Antonio Carlos Cesarino; José Manoel D'Alessandro; Laercio de Almeida Lopes; Pedro Paulo de Uzeda Moreira; Alfredo Correia Soeiro.

- Comitê de redação: Antonio Carlos Cesarino; José Manoel D'Alessandro; José de Souza Fonseca Filho; Aníbal Mezher; Zacaria Borge Ali Ramadam; Carol Sonenreich.

Na página de introdução da revista, Bermúdez assina o seguinte escrito:

> Eis aqui a concretização de uma velha ideia: a primeira revista do mundo de Psicodrama. Durante o III Congresso Internacional de Psicodrama, realizado em Baden, localidade próxima a Viena, fi-la saber a J. L. Moreno. Ele acolheu com entusiasmo a ideia e ficamos de publicá-la conjuntamente. Entretanto, por diversas circunstâncias, não o conseguimos.
> O Grupo de Estudos de Psicodrama de São Paulo, movimento jovem e vigoroso, com um alto nível de espontaneidade e poucas conservas culturais inibidoras, o conseguiu por intermédio do comitê de publicações, encabeçado pelos drs. A. C. Cesarino e J. M. D'Alessandro.
> Considero que esta é a melhor homenagem que se pode prestar ao V Congresso Internacional de Psicodrama e Sociodrama e I Congresso Internacional de Comunidade Terapêutica. Será, sem dúvida, um importante evento no movimento psicodramático mundial.

Os redatores informaram que a revista acolheria também trabalhos científicos relacionados com a psicoterapia e psicologia social, concernentes a atividades com grupos humanos, como, por exemplo, os que envolvessem temas como o psicodrama, a psicoterapia de grupo, a sociometria, a dinâmica de grupo, a comunidade terapêutica, a pedagogia, a antropologia e a sociologia. Sempre submetidos às normas da ética profissional e científica, os trabalhos deveriam ser encaminhados aos redatores ou à secretaria do GEPSP, situada na rua Honduras, 1.267, na cidade de São Paulo.

A "Nota da Redação" da revista apresenta-nos mais dados históricos:

> Depois de um período de "latência", em que existiu o *Boletim de Psicodrama*, passamos hoje à publicação de nossa revista, que se chamará *Psicodrama*. O primeiro número sai na oportunidade da realização em São Paulo do V Congresso Internacional de Psicodrama e Sociodrama, simultâneo ao I Congresso Internacional de Comunidade Terapêutica.
> Esta revista acolherá trabalhos que se relacionam com sociometria e psicodrama, dentro dos marcos de referência do trabalho com grupo, sem discriminação de escolas e atitudes.
> Apenas em termos psicodramáticos se poderia entender a velocidade de crescimento de nosso movimento. De um pequeno grupo de psiquiatras, psicólogos e estudantes que se reuniu em fevereiro de 1968 – em torno de J. G. Rojas-Bermúdez – passamos nesse intervalo curto de pouco mais de dois anos a ser um dos maiores grupos organizados de Psicodrama do mundo, atualmente com mais de 250 profissionais em formação (contando os grupos pedagógicos), abrindo perspectivas de crescimento numérico e qualitativo ainda maiores. Atualmente nos principais

centros de formação de psiquiatras e psicólogos de São Paulo já é indispensável, dada a exigência dos alunos, a colocação nos programas de ensino dramatizado, seja através de aprendizagem de papéis profissionais, seja através de seminários dramatizados, seja através do fornecimento inicial de elementos de psicoterapia psicodramática. Transborda os limites da psicoterapia o alcance de nossas atividades, no momento em que cresce o interesse de pedagogos pelo treinamento em técnicas dramáticas no ensino, em que terapeutas, enfermeiros e assistentes sociais solicitam o concurso do GEPSP para sua formação profissional; transborda os limites da cidade de São Paulo o nosso trabalho, quando recebemos solicitações de outras cidades do estado e de outros estados do país para iniciar novos cursos de formação. Assim chegamos, num percurso ascendente contínuo (nem por isso desprovido de dificuldades), ao ponto de estarmos em condições de organizar um congresso internacional.

Entre nós o psicodrama e a comunidade terapêutica nasceram juntos; o mesmo grupo que participou do primeiro curso de psicodrama, origem do movimento atual, organizou em São Paulo o primeiro curso de psicodrama e comunidade terapêutica.

Assim, em nossos congressos a simultaneidade visa marcar um entrosamento conceptual, quiçá ideológico, entre os movimentos de psicodrama e de comunidade terapêutica. Acreditamos que ambos têm um longo caminho a percorrer de mãos dadas, até que se fundam definitivamente em um único movimento cujo fim seria, dentro de seus limites de ação terapêutica, a criação de uma nova mentalidade em que se pudesse visualizar com mais clareza o "social" como lugar de nascença e de cura dos distúrbios psicológicos. Mais adiante, e saindo dos limites da prática terapêutica, auxiliaria esse movimento o início de uma transformação da forma de relacionamento das pessoas para que o "estar junto" delas assumisse a dimensão do "encontro" de Moreno.

A primeira revista de psicodrama do mundo continha os seguintes artigos científicos:

- "Psicopatologia da emoção, psicodrama e psicanálise", de Elizabeth Milan (psiquiatra, assistente de psiquiatria da Faculdade de Medicina da Universidade de Campinas, membro do GEPSP).
- "Manejo psicodramático da couraça muscular do caráter (Reich)", de José Ângelo Gaiarsa (psiquiatra, membro do GEPSP).
- "Breves considerações sobre emergentes grupais em psicodrama", de José Souza Fonseca Filho (médico-assistente do Instituto de Psiquiatria do Hospital das Clínicas da Faculdade de Medicina da Universidade de São Paulo, membro do GEPSP).
- "O conceito de *acting-out*: redefinição", de Maria Regina Almeida Lopes (membro do GEPSP).
- "Esboço de uma fenomenologia do psicodrama", de Zacaria Borge Ali Ramadam (psiquiatra do Hospital do Servidor Público do Estado de São Paulo, membro do GEPSP).

- "Pensando a respeito de comunidade terapêutica", de Antonio Carlos Eva (médico assistente do Hospital das Clínicas da Faculdade de Medicina da Universidade de São Paulo, membro do GEPSP).
- "Formas atuais de atendimento psiquiátrico", de Carol Sonenreich (médico-chefe do Serviço de Psiquiatria do Hospital do Servidor Público do Estado de São Paulo) e Carlos Antonio Ferreira Teixeira (psiquiatra do Serviço de Psiquiatria da mesma instituição).
- "Comunicação sobre a organização e funcionamento de uma comunidade terapêutica infantil", de Maria Pelella, Michael Rainer Schwarzschild, Oswaldo Dante Milton Di Loreto e Stela Maris Garcia Loureiro (psiquiatras da Comunidade Terapêutica Enfance, do Instituto de Neuropsiquiatria Infantil).

Com relação ao crescimento qualitativo do GEPSP, Luís Henrique Alves (1988) apresenta uma pertinente análise:

[...] O GEPSP se estrutura desde o primeiro semestre de 1968 em um rápido processo de agregação de profissionais e vai se confirmando como uma nova escola de especialização profissional no Brasil. [...] No início de 1970 [...] existiam ao todo onze turmas em formação em psicodrama terapêutico, além das quatro turmas de psicodrama pedagógico.
Esse processo constitutivo do Psicodrama como novo campo do saber no Brasil era, de fato, arrebatador. Esse encantamento que congregava todo um contingente de profissionais na área "psi", não comprometidos com a psicanálise e com a psiquiatria tradicional, contagiou Moreno, que, no IV Congresso de Psicodrama, realizado em Buenos Aires, em 1969, deliberou São Paulo como sede do próximo encontro mundial de psicodramatistas, sob a coordenação do GEPSP. Um momento significativo, revelador de aspectos singulares com que este movimento se constitui na vida brasileira.

E, assim, constatamos que a coordenação do GEPSP, assumindo responsabilidades científicas maiores, tornou-se tão forte e coesa a ponto de conseguir organizar o maior congresso realizado no mundo até então, com a presença de 3.200 participantes.

Em agosto de 1970 acontece, no recém-inaugurado Museu de Arte de São Paulo, o primeiro congresso de psicodrama do Brasil.

2 O MASP MOSTRA OBRAS DE PSICODRAMA

Todos os homens nasceram para criar.

Aquele que não cria
não deveria ter tal poder.
Ninguém deveria ter mais poder
do que aquele que ele mesmo cria.

Tu deves aprender a criar.
Tu deves aprender
a Me criar.

J. L. Moreno (1992)

No centro da Paulista, o dinâmico e belo Masp

O Museu de Arte de São Paulo Assis Chateaubriand, mais conhecido pela sigla Masp, não só possui a principal coleção de arte do hemisfério sul como também é um dos mais importantes marcos da arquitetura moderna brasileira (Duprat, 2009).

Localizado na avenida Paulista desde 1968, o edifício, que já é uma fascinante obra de arte por si só, foi projetado pela arquiteta italiana radicada no Brasil Lina Bo Bardi; esse empreendimento correspondeu a um dos mais modernos e inovadores projetos museológicos do planeta.

O museu foi inaugurado na antiga sede, na rua Sete de Abril (no centro de São Paulo), em 2 de outubro de 1947, por dois grandes nomes: Assis Chateaubriand (1892-1968), paraibano, proprietário dos Diários e Emissoras Associados, e pelo professor

Pietro Maria Bardi (1900-1999), italiano, jornalista e crítico de arte que chegou ao Brasil em 1946, acompanhado de sua esposa Lina Bo Bardi (1914-1992).

Em poucos anos, o espaço da antiga sede tornou-se insuficiente; Chateaubriand e Bardi, ao saírem em busca de um novo local, encontraram um terreno na Paulista, que havia sido doado à Prefeitura de São Paulo por Joaquim Eugênio de Lima. Entretanto, a doação fora realizada com uma condição: a preservação da vista para o centro da cidade.

O trabalho de criação do novo Masp coube a Lina Bo Bardi, arquiteta modernista, que, num intervalo de quase dez anos entre projeto e conclusão, realizou uma obra arrojada, a qual se tornou um dos ícones da cidade.

De acordo com o site oficial do Masp (http://www.masp.art.br), para preservar a vista do centro da cidade, Lina Bo Bardi idealizou um edifício sustentado por quatro pilares de concreto (que atualmente estão pintados de vermelho), a 8,5 metros do piso, com um vão livre de 74 metros, permitindo aos que transitam pela avenida o acesso visual ao centro da cidade.

Duprat (2009) informa que a nova sede do Masp foi concluída em 1968, e acrescenta:

> A inauguração aconteceu no dia 7 de novembro de 1968, passando o museu a se chamar Museu de Arte de São Paulo Assis Chateaubriand, em homenagem ao seu fundador, morto antes da inauguração. A rainha Elizabeth II, que estava no Brasil em visita oficial, participou da cerimônia, assim como o governador Abreu Sodré e o prefeito Faria Lima, entre outros representantes da sociedade.
>
> No ano seguinte, o acervo foi tombado pelo Iphan (Instituto do Patrimônio Histórico e Artístico Nacional), tornando-se patrimônio histórico, e em 1982, o prédio, pelo Condephaat (Conselho de Defesa do Patrimônio Histórico, Arqueológico, Artístico e Turístico).

O Masp, como informa seu site, "foi criado para ser um museu dinâmico, com um perfil de centro cultural". Aliás, vale mencionar uma importante curiosidade: a Mostra Internacional de Cinema de São Paulo foi inaugurada no Masp, em 21 de outubro de 1977, quando Leon Cakoff, crítico, jornalista e diretor do Departamento de Cinema do museu, quis celebrar os trinta anos de fundação da instituição. Desde então, a Mostra passou a ser realizada anualmente e se tornou uma das mais importantes e tradicionais do país.

Somos, todos nós brasileiros, profundamente gratos a estes grandes nomes: Assis Chateaubriand, Pietro Maria Bardi e Lina Bo Bardi, protagonistas da criação desse espaço múltiplo e difusor de conhecimento, cultura, arte e beleza, que dignifica a cidade, o país, a história, o artista e o povo.

E o psicodrama, de modo especial, pôde ser inaugurado na cidade de São Paulo, no belo Masp, cujo edifício foi cedido pela Prefeitura de São Paulo, por meio de sua Secretaria de Educação, graças a mais uma ação competente e solidária de Lina Bo Bardi.

O encontro de Íris e Uzeda com Lina Bo Bardi

Voltando à história do movimento moreniano brasileiro, em meados do primeiro semestre de 1970, toda a equipe do GEPSP estava empenhada na organização do Congresso Internacional, que ocorreria no mês de agosto.

Permitimo-nos, agora, utilizar o vídeo produzido por Vera Márcia de Lima (vídeo 3, 1994) sobre Íris Soares de Azevedo, para ilustrar alguns fatos ao leitor.

Até aquele ponto, a coordenação ainda não havia encontrado um local para ser a sede do congresso. Então, Íris Soares de Azevedo e Pedro Paulo Uzeda Moreira, membros do comitê organizador, ficaram encarregados de procurar um ambiente que se adequasse ao evento, que envolveria muitos grupos. Todavia, eles estavam tendo dificuldades naquela empreitada, pois o Teatro Municipal não atendia aos critérios estabelecidos, o Auditório do Anhembi não estava pronto e não existiam outras opções disponíveis.

Íris e Uzeda procuravam um lugar que correspondesse aos seus anseios de fazer o psicodrama nascer para a cidade de São Paulo, para que fosse difundido, e não ficasse isolado entre quatro paredes.

Foi então que eles se lembraram do Masp, e em seguida foram conversar com o diretor Pietro Maria Bardi sobre a possibilidade de o museu sediar o congresso, que teria um número grande de participantes. Bardi disse que o vão no segundo piso inferior do museu poderia comportar até três mil pessoas; porém, eles teriam de pedir autorização a Lina Bo Bardi, porque o espaço lhe pertencia e somente ela poderia adaptá-lo às necessidades do evento.

Procurada por Íris, Lina se dispôs a fazer a adaptação, mas estabeleceu uma condição: "Eu posso fazer, mas primeiro quero conhecer esse Moreno. Se ele for da filosofia política em que eu acredito, eu faço" (Lima, vídeo 3, 1994).

Lina acabou por encantar-se com a obra de Moreno; ao ler alguns livros emprestados por Íris, identificou-se com a teoria moreniana e com a filosofia social, libertária e democrática do autor.

Em mais uma ação de extrema criatividade, Lina montou um grande teatro de arena e uma magnífica arquibancada em forma de ferradura, no vão interno do segundo piso inferior, cuja área é chamada "Hall Cívico Galeria Clemente de Faria".

Segundo Íris (Lima, vídeo 3, 1994), a arquiteta também produziu seis salas de madeira, onde ocorreriam apresentações de trabalhos, ocupando áreas do Masp que ainda não haviam sido utilizadas.

Cesarino (1999) confirma esse dado:

> O espaço onde se desenvolveram os trabalhos foi criado por Lina Bo Bardi, que, com perfeita compreensão de nossas intenções, criou, dentro do museu, locais adequados, feitos de madeira, para grandes grupos, com muita luz, para que tudo fosse visível e audível.
> [...] Propositadamente, não foi escolhido um lugar distante, de acesso difícil. Muitas das pessoas inscritas eram simples passantes, que quiseram participar.

Íris (Lima, vídeo 3, 1994), admiradora do Masp e de sua idealizadora, assim explicou o trabalho e o *modus operandi* de Lina:

> A Lina Bo Bardi respeitava a cidade e a ecologia. Ela fez o prédio suspenso para não tapar a visão do centro e do parque Trianon. Ele é todo envidraçado para que se possa ver toda a cidade. Eu acho que a filosofia de Lina era a de levar o belo para o povo, e o povo tem direito ao belo. O belo não é só da elite. A arte é do povo também. Nós temos que fazer o povo chegar e ter acesso à arte.
> Eu acho que a Lina alcançou esse objetivo em sua vida, e é por isso que ela se identificou com Moreno e entendeu a nossa filosofia.

O projeto cenográfico do congresso e sua criadora, Lina Bo Bardi

Almejamos aqui destacar a presença de Lina no referido evento, apresentando informações detalhadas sobre a arquiteta.

Lina Bo Bardi nasceu Achilina Bo, em Roma, no ano de 1914, e morreu em São Paulo em 1992. Casou-se com o jornalista Pietro Maria Bardi em 1946, adotando seu sobrenome.

Chegados ao Brasil depois da Segunda Guerra (1946), Lina e Pietro naturalizaram-se brasileiros em 1951. A propósito, ela disse: "O Brasil é a minha pátria de escolha".

Arquiteta modernista, Lina apreciava a cultura brasileira; dedicou-se ao teatro, ao cinema, às artes plásticas, à cenografia, ao desenho de mobiliário e ao desenho e confecção de joias e objetos diversos.

Como já mencionamos, seu marido recebeu do jornalista Assis Chateaubriand a incumbência de criar e dirigir um museu de arte em São Paulo. Lina ficou responsável pela criação arquitetônica; ela gostava de ser chamada de "o arquiteto do Masp".

Lina filiou-se ao Partido Comunista Italiano em 1943; era ligada às causas proletárias, sendo que as tradições populares do Brasil sempre inspiraram essa artista de vanguarda.

Dado seu perfil ideológico, ao ser convidada para projetar o espaço cenográfico do Congresso de Psicodrama, Lina o fez com entusiasmo e comprometimento, pois faziam parte de sua personalidade a irreverência e o sonho de ver a arte em comunhão com a comunidade. Era uma psicodramatista.

Para idealizar a cenografia do ambiente congressual, ela mergulhou na história de Jacob Levy Moreno. Ateve-se, particularmente, à religião do encontro, ao "seinismo", aos jovens andarilhos (*Wandervögel*), à casa do encontro, ao convite ao encontro; enfim, ao sistema filosófico da juventude de Moreno.

Sabemos que, para divulgar as preocupações de seu grupo, Moreno publicou anonimamente, em alemão, o livro *Das Testament des Vaters* (*As palavras do pai*), em 1920, depois trazido a lume como de sua autoria, e traduzido para o inglês em 1923.

O lançamento da primeira edição, anônima, foi precedido de uma pichação em letras garrafais e vermelhas nos muros de Viena. Aqueles jovens desejavam anunciar ao mundo as suas convicções e o faziam de maneira panfletária.

Lina "pegou o espírito da coisa" e, nos tapumes construídos na armação do ambiente do congresso, pintou, em vermelho, inúmeras frases significativas do livro.

Íris explicou a ela que, com o regime político repressor do país, as frases de Moreno fora do contexto do livro provavelmente seriam entendidas pelos militares como algo muito subversivo; no entanto, o psicodrama poderia traduzir, por meio das dramatizações, o espírito libertário. E Lina, mostrando-se indignada, apagou as frases antes do início do congresso.

No vão interno do edifício, ao lado das belas rampas que muitos de nós conhecemos e pelas quais passeamos, foi construída uma arquibancada capaz de comportar três mil pessoas, como de fato ocorreu. Seis anfiteatros móveis ocuparam inúmeros espaços daquela geografia monumental.

Lina Bo Bardi está conosco na história heroica do psicodrama brasileiro.

Por que um congresso de comunidades terapêuticas acoplado a um congresso de psicodrama?

Desconhecemos as tratativas que congregaram, no Masp, em 1970, o V Congresso Internacional de Psicodrama e o I Congresso Internacional de Comunidade Terapêutica – esta representada, entre outros, por Maxwell Jones, um de seus líderes.

Todavia, fragmentos históricos permitiram-nos entender essa feliz união, ao considerarmos um fato irretorquível: o conceito partiu de J. L. Moreno.

Sabemos todos que Moreno é o legítimo precursor de inúmeras iniciativas no campo da psicologia social: as psicoterapias de casal e de família, as terapias sexuais, o videotelepsicodrama, o *playback theatre*, as bases fundadoras da teoria sistêmica e a definição de comunidade terapêutica.

Em 1925, ele estabeleceu alguns princípios pétreos, entre eles o de que cada paciente poderia, ele próprio, ser terapeuta de outro paciente, desde que, em meio à discussão de seus problemas mentais, emocionais e comportamentais, eles pudessem conviver de forma democrática e respeitosa.

Em 1936, Moreno fundou o Beacon Hill Sanatorium, a fim de, naquele recanto terapêutico, introduzir ideias ousadas, com base em uma criação sua: a sociometria.

Assim seu filho Jonathan o caracterizou:

> O centro de treinamento de psicodrama em Beacon era uma incubadora de atividades para jovens profissionais que buscavam alternativas à psicanálise: o hospital psiquiátrico de Beacon tratava de pacientes considerados "não tratáveis" em outros lugares.

Em 1938, na Inglaterra, o psiquiatra sul-africano Maxwell Jones (1907-1990), ali radicado, fundou no Maudsley Hospital um modelo de tratamento de pacientes psiquiátricos, em grupos abrigados, com base nas premissas morenianas. A ideia central era recuperar a pessoa doente e inseri-la de novo no ambiente social. A comunidade terapêutica permitiria essa transição do grupo para o social lá de fora.

Seguindo essa mesma linha de pensamento moreniano, em 1958 o médico Charles Dederick inaugurou os Alcoólatras Anônimos (AA): cada paciente como terapeuta do outro paciente.

Na década de 1960, com base no princípio elementar de J. L. Moreno segundo o qual "os chamados doentes mentais teriam um potencial terapêutico que os beneficiaria e também aos outros doentes da comunidade", houve a expansão dessas ideias e dessa prática. A inspiração moreniana atingiu, por exemplo, David Cooper, na Vila 21 em Londres; Ronald Laing, no Kingsley Hall, também em Londres; Franco Basaglia, no hospital de Gorizia, em Milão.

Convém ressaltar que foi no seio dessas comunidades de inspiração moreniana que nasceu o movimento da antipsiquiatria, com significativo conteúdo extraído da ideologia marxista, no que ela tem de romântico e esperançoso.

No Brasil, toda vez que falamos de comunidade terapêutica, temos a obrigação de lembrar e homenagear a memória de Oswaldo Di Loreto, psiquiatra de crianças e de família, idealizador e fundador da Clínica Enfance, além de pioneiro festejado dessa prática.

Antes de finalizarmos este texto de esclarecimento, não podemos deixar de informar ou lembrar o leitor de que, no Instituto de Psiquiatria da Faculdade de Medicina da USP, há um intenso e bem coordenado trabalho de reabilitação social, que tem como um dos líderes um psicodramatista de primeira linha: o médico Luis de Moraes Altenfelder Silva Filho.

Eis o V Congresso Internacional de Psicodrama e o I Congresso de Comunidade Terapêutica

A abertura dos congressos ocorreu em 16 de agosto de 1970, um domingo, e esse dia foi reservado apenas para inscrições. As atividades científicas iniciaram na segunda-feira, dia 17, e terminaram no sábado, dia 22. Os eventos aconteceram de segunda a sexta-feira, das 9 às 21 horas, e no sábado, das 9 às 14 horas.

Antes de narrarmos os fatos ocorridos nesses dias de debate, vamos apresentar algumas notícias relativas às vésperas dos congressos.

No livro *Cuadernos de psicoterapia*, Rojas-Bermúdez (1970b) oferecia aos delegados argentinos um esboço do programa preliminar do evento:

> Este Congresso terá para nós um maior significado por tratar-se de um congresso organizado por um grupo de estudos vinculado à Associação Argentina de Psicodrama e Psicoterapia de Grupo, com o qual tem tido um contato ininterrupto ao longo de quase três anos, por meio de uma equipe argentina constituída por diretores de psicodrama, diretores de técnicas dramáticas e egos-auxiliares.
> Este Congresso nos mostrará o fruto deste encontro e o grau de elaboração de uma teoria gestada na Argentina e ensinada no Brasil.
> O grupo brasileiro é, neste momento, o grupo mundialmente mais numeroso e, sem dúvida, um dos centros científicos do movimento psicodramático.
> Durante o Congresso serão entregues os primeiros diplomas de diretor em psicodrama, diretor em técnicas dramáticas e ego-auxiliar, por parte das autoridades de nossa Associação e na presença da máxima autoridade e criador do psicodrama, J. L. Moreno.

Na verdade, caro leitor, adiantamos aqui que Moreno e Zerka não compareceram, como nos relata Cesarino em seu depoimento a Motta (2008):

> Vieram quase todos os mais importantes psicodramatistas do mundo, além de líderes famosos do movimento de comunidade terapêutica. Grande ausência foi de Moreno (que seria o presidente honorário do congresso) e sua esposa Zerka.

Isso aconteceu em virtude de questões da política de poder no movimento internacional do psicodrama na época: como Rojas-Bermúdez surgiria como o grande incentivador desse congresso, e líder de grande desenvolvimento do movimento na América Latina, havia a possibilidade de ele sair daqui como o "herdeiro" de Moreno, coisa que seus adversários não suportariam. Por isso conseguiram que Moreno desistisse de vir. Não quero entrar aqui em discussão sobre as razões dos litigantes. Eu diria que o grande público do congresso não percebeu ou não se importou com essa situação. Afinal, o psicodrama estava ainda no começo, era atraente e oferecia muito o que ver e vivenciar.

Fonseca (1993) acrescenta: "Moreno, então com 81 anos, escreveu que estava preocupado com uma epidemia de tifo que assolava a América do Sul, e que talvez não participasse do congresso no Brasil. Sempre restava uma esperança, mas, às vésperas do congresso, ele confirmou que não viria".

A partir da próxima página, compartilharemos informações históricas presentes no programa científico dos congressos.

Em tempo: Costa (2001) informa que os membros do comitê de honra do evento foram os professores de psiquiatria Aníbal Silveira, do Juqueri; Clóvis Martins, do Hospital do Servidor Público Estadual; Enzo Azzi, da Faculdade de Medicina da Santa Casa; Fernando O. Bastos, da Faculdade de Medicina da USP, além da psicóloga madre Cristina Sodré Dória e Rubem de Pinho.

Na abertura dos congressos, a diplomação dos primeiros brasileiros psicodramatistas

Os seis integrantes da coordenação do GEPSP receberam de Bermúdez, como já mencionamos, uma formação complementar para que, no Brasil, houvesse oficialmente psicodramatistas didatas.

A diplomação desses coordenadores foi, certamente, um grande marco para o movimento moreniano brasileiro, pois, até então, os profissionais atuantes no Brasil com certificação como diretores de psicodrama eram estrangeiros, como Pierre Weil, em Minas Gerais, e Bermúdez, em São Paulo.

CONGRESSO INTERNACIONAL DE PSICODRAMA E SOCIODRAMA INTERNATIONAL CONGRESS OF PSYCHODRAMA AND SOCIODRAMA	
Presidente Honorário Honorary President	J. L. MORENO
1.º Vice Presidente Honorário 1st Honorary Vice-President	J. G. ROJAS-BERMÚDEZ
2.º Vice Presidente Honorário 2nd Honorary Vice-President	ZERKA MORENO

CONGRESSO INTERNACIONAL DE COMUNIDADE TERAPÊUTICA INTERNATIONAL CONGRESS OF THERAPEUTIC COMMUNITY	
Presidente Honorário Honorary President	MAXWELL-JONES
1.º Vice Presidente Honorário 1st Honorary Vice-President	J. L. MORENO
2.º Vice Presidente Honorário 2nd Honorary Vice-President	J. G. ROJAS-BERMÚDEZ

Presidente dos Congressos President of Congresses	ALFREDO CORREIA SOEIRO

ORGANIZADOS POR ORGANIZED BY	GRUPO DE ESTUDOS DE PSICODRAMA DE SÃO PAULO
PATROCINADO POR SPONSORED BY	ASOCIACIÓN ARGENTINA DE PSICODRAMA Y PSICO-TERAPIA DE GRUPO WORLD CENTER FOR PSYCHODRAMA, SOCIOMETRY AND GROUP PSYCHOTHERAPY

COMITÊ INTERNACIONAL
INTERNATIONAL COMMITTEE

- Nigéria
  AYO BINITIE

- Suécia
  BENGT BERGGREN

- Escócia
  CARLOS M. CHAN

- Argentina
  J. G. ROJAS-BERMÚDEZ

- E. U. A.
  PAUL POLAK

- E. U. A.
  STUART HOLLINGSWORTH

2

COMITÊ DE HONRA / HONOUR COMMITTEE	
ARGENTINA	JORGE P. BARTOLINI GASTON MAZIERES JOSÉ ECHÁNIZ
COLOMBIA	ALBERTO VILLAR GAVÍRIA
ESPANHA	J. J. LÓPEZ IBOR
E. U. A.	DORIS TWITCHELL ALLEN HANNAH B. WEINER JAMES ENNEIS JAMES SACKS LEON J. FINE
FRANÇA	ANNE ANCELIN SCHUTZENBERGER PIERRE BOUR
HOLANDA	ARN VAN DREVELEN
JAPÃO	KOHEI MATSUMURA

MEMBROS ESTRANGEIROS / FOREIGN MEMBERS

MEMBROS BRASILEIROS / BRAZILIAN MEMBERS

- ANÍBAL SILVEIRA
- CLOVIS MARTINS
- ENZO AZZI
- FERNANDO DE OLIVEIRA BASTOS
- MADRE CRISTINA SODRÉ DÓRIA
- RUBIM DE PINHO

COMITÊ ORGANIZADOR
ORGANIZATION COMMITTEE

PRESIDENTE
PRESIDENT — ALFREDO CORREIA SOEIRO

SECRETARIA GERAL
SECRETARY GENERAL — PEDRO PAULO UZEDA MOREIRA

Colaborador / assistent member: R. T. MARCONDES

SECRETARIA CIENTÍFICA
SCIENTIFIC SECRETARY — ANTONIO CARLOS CESARINO

Colaboradores / assistent members:
- C. SONENREICH - N. JATOBA
- Z. B. A. RAMADAN
- J. S. FONSECA - V. KOENIGSBERGER
- M. R. SCHWARZSCHILD
- M. R. A. LOPES - R. F. MONTEIRO
- E. T. OCOUGNE

SECRETARIA DE INFORMAÇÕES E CORRESPONDÊNCIA
SECRETARY FOR INFORMATION AND CORRESPONDENCE — J. M. D'ALESSANDRO

Colaboradores / assistent members:
- M. T. SOEIRO - H. PEDREIRA
- R. B. BALSAMO - M. AGUIAR
- E. E. STRACK - T. STOCKE
- M. V. DE LACERDA

SECRETARIA DE RELAÇÕES PÚBLICAS
SECRETARY FOR PUBLIC RELATIONS — IRIS SOARES DE AZEVEDO

Colaboradores / assistent members:
- S. R. FORTE - A. C. GODOY
- A. C. MASSI - A. D. A. GAM
- V. KOENIGSBERGER - L. M. GONÇALVES
- R. F. MONTEIRO - M. A. CELIDONIO

SECRETARIA DE FINANÇAS
FINANCIAL SECRETARY — LAERCIO DE ALMEIDA LOPES

Colaboradores / assistent members:
- A. MEZHER
- V. L. CRELIER

SECRETARIA DE DIVULGAÇÃO E PROPAGANDA
SECRETARY FOR PRESS AND PUBLICITY — MIGUEL PEREZ NAVARRO

Colaboradores / assistent members:
- Y. VIEIRA - R. S. CORREIA
- R. CALLAES

4

ADESÕES
ADHERENCES

ASSOCIAÇÃO MUNDIAL DE PSIQUIATRIA

ASSOCIAÇÃO BRASILEIRA DE PSIQUIATRIA

SOCIEDADE DE PSICOLOGIA DE SÃO PAULO

DEPARTAMENTO DE PSIQUIATRIA DO HOSPITAL DAS CLÍNICAS
DA FACULDADE DE MEDICINA DA UNIVERSIDADE DE SÃO PAULO

FACULDADE DE MEDICINA DE SOROCABA

DEPARTAMENTO DE PSIQUIATRIA DA FACULDADE DE CIÊNCIAS
MÉDICAS DA SANTA CASA DE SÃO PAULO

DEPARTAMENTO DE PSICOLOGIA MÉDICA E PSIQUIATRIA
DA FACULDADE DE CIÊNCIAS MÉDICAS DA UNIVERSIDADE
DE CAMPINAS

CADEIRA DE PSIQUIATRIA DA FACULDADE DE CIÊNCIAS MÉDICAS
E BIOLÓGICAS DE BOTUCATU

DEPARTAMENTO DE PSICOLOGIA DA FACULDADE DE FILOSOFIA,
CIÊNCIAS E LETRAS «SEDES SAPIENTIAE»

CLÍNICA PSICOLÓGICA DA FACULDADE DE FILOSOFIA,
CIÊNCIAS E LETRAS «SEDES SAPIENTIAE»

FACULDADE DE FILOSOFIA, CIÊNCIAS E LETRAS DO RIO DE JANEIRO

MORENO INSTITUTE

GRUPO DE ESTUDOS PSIQUIÁTRICOS DO HOSPITAL DO SERVIDOR
PÚBLICO ESTADUAL DE SÃO PAULO

CENTRO PSIQUIÁTRICO PEDRO II DO HOSPITAL ODILON GALLOTTI

Devemos a realização dos Congressos no Museu de Arte de São Paulo a

LINA BO BARDI, sua genial criadora, que trabalhou com arte, precisão e interêsse pessoal na adaptação do recinto às nossas necessidades.

PIETRO MARIA BARDI, seu Diretor, que amàvelmente nos ofereceu sua cooperação.

PAULO ZING, D. D. Secretário da Educação da Prefeitura de São Paulo, por cuja atenção nos foi cedido o local.

We are very indebted, for the instalation of the Congresses in the Museu de Arte de Sao Paulo to

LINA BO BARDI, its brilliant creator, who has worked with art, precision and personal interest to adapt the place to our necessities.

PIETRO MARIA BARDI, its Director, who has so gently offered us his cooperation.

PAULO ZING, Secretary of Education of the Prefecture of Sao Paulo, by whose attention we have obtained the grant for being here.

6

AGRADECIMENTO

Ao povo do GEPSP, aos funcionários dos Congressos e do Museu de arte, a todos que de alguma forma trabalharam com a gente: legal.

COMITÊ ORGANIZADOR

INFORMAÇÕES GERAIS

Informações e inscrições:
Museu de Arte de São Paulo — Av. Paulista, 1578

Credenciais:
Para entrar no recinto dos Congressos, é necessário o uso permanente da respectiva credencial em lugar visível.
As côres das credenciais são:
  Comitê organizador: vermelho
  Membros estrangeiros: ocre
  Membros nacionais: verde
  Funcionários em geral: branco

Comunicações:
A Secretaria de Divulgação e Propaganda emitirá diàriamente comunicados e boletins informativos sôbre as atividades dos Congressos. Será também fornecida a todos os participantes uma relação com o nome e enderêço dos congressistas.

Organização administrativa:
Secretaria executiva: M. do S. Dias da Silva
  Zelinda Linhares Pinho
  Ana Maria Sad
  Cecília Helena R. Azevedo
  Regina Bilota

Agências de câmbio e telegráfica:
Há no recinto dos Congressos uma agência do Banco Bradesco para câmbio, uma agência de turismo e uma agência dos Correios e Telégrafos.

Objetos perdidos:
Pede-se entregar no Setor de Recepção qualquer objeto encontrado.

Venda de livros e revistas:
Há stands onde os congressistas poderão adquirir livros e revistas especializados.

Refrescos e café:
Na sede do Congresso funcionam serviços gratuitos, atenção de emprêsas comerciais de nosso país.

Estacionamento:
Há um parque de estacionamento reservado aos senhores Congressistas, localizado à Av. Paulista, 1842.

SENHORES CONGRESSISTAS:

A realização conjunta do V Congresso Internacional de Psicodrama e Sociodrama, e do I Congresso Internacional de Comunidade Terapêutica permitirá a reunião de especialistas de diferentes áreas de atuação, com o objetivo comum de resolver ou minorar os conflitos e sofrimentos do doente mental.

Utilizaremos a dramatização como centro das atividades o que possibilitará a cada um de nós demonstrar a forma pessoal de trabalho, ao invés de sòmente descrevê-la.

Desta maneira, pretendemos conseguir melhor comunicação, no sentido de alcançar nossos objetivos em um clima afetivo e informal.

Desejando que o conclave corresponda aos esforços e expectativas de todos nós, trazendo novas contribuições para a compreensão do sêr humano, em nome do Comitê Organizador e do Grupo de Estudos de Psicodrama de São Paulo, transmito os nossos votos de um Feliz Encontro.

ALFREDO CORREIA SOEIRO

COMO ASSISTIR AOS CONGRESSOS

A realização conjunta de Congressos de Psicodrama e Comunidade Terapêutica visa marcar o entrosamento conceptual dos dois movimentos. Como serão apresentados trabalhos simultaneamente, esboçamos o presente roteiro geral para facilitar a escolha para os congressistas.

Bàsicamente, haverá 5 esferas principais de interêsse em nossos Congressos: Psicodrama como Técnica Terapêutica; Comunidade Terapêutica como Técnica de Tratamento Hospitalar; Técnicas Dramáticas e sua utilização no Ensino; Sociodrama na resolução de conflitos de grupos de trabalho e Aprendizagem de Papéis no adestramento para à atuação em equipe.

Num Congresso de linha psicodramática se pretende utilizar ao máximo o instrumento dramatização, para conseguir uma efetiva participação dos Congressistas. Por isso, não haverá discussões após a apresentação dos relatos oficiais, devendo as questões referentes a seus temas ser levadas aos Grupos de Discussão Dramatizada e aos Ateliers que tratem do mesmo assunto.

Aquêles que apenas se iniciam no Psicodrama beneficiar-se-ão em assistir os relatos oficiais que trazem definiçõeõs teóricas e gerais (Psicodrama e Esquema Referencial, Normas e Técnicas do Psicodrama, Mecanismos de Cura do Psicodrama, entre outros) e em participar de grupos de discussão dramatizada sôbre temas da mesma linha (Papéis Psicossomáticos e Núcleo do Ego, Esquema de Papéis, entre outros). Assistirão aos Ateliers de «Elementos de Psicodrama» e «Técnicas de Psicodrama» como informação inicial.

Psicoterapêutas que já possuem informação psicodramática ou psicodramatistas preocupados com o aprimoramento de seu instrumento de trabalho poderão ouvir os mesmos relatos oficiais e mais outros teóricos e de discussão como, entre outros «O Objeto Intermediário», «Núcleo do Ego», «Psicodrama e Análise experimental do comportamento» e a relatos de grupos de discussão dramatizada referentes a tipos específicos de pacientes e situações como Psicodrama de Casais, de Crianças e Adolescentes, Psicóticos, utilização de alucinógenos. manejos de agressão, sedução, início de um grupo, utilização de imagens, etc. Nos Ateliers viverão a experiência e apreciarão a técnica de especialistas de diversas procedências.

12

Psiquiatras ou outros membros de equipes de atendimento hospitalar ao doente mental poderão nos relatos oficiais sôbre comunidade terapêutica informar-se sôbre os princípios conceptuais que norteiam essa forma de trabalho ouvindo, entre outros, «Princípios de Comunidade Terapêutica aplicados às Ocorrências Habituais», «Crise e Confrontação»; ponto de contato entre dois grandes temas dos Congressos poder-se-á ouvir em «Psicodrama e Comunidade Terapêutica»; além disso poder-se-á sentir a diferença de posições que tendem a definir o papel do membro de uma comunidade em «Comunidade Não Terapêutica». Nos grupos de discussão dramatizada e ateliers poder-se-á efetuar a discussão dêsses temas e outros, abordando aspectos de preparação da equipe psiquiátrica, tomada de decisões e liderança múltipla, maneira de implantação de uma comunidade, relacionamento com o grupo familiar, etc.

Interessados no Sociodrama e sua utilização para adestramento de equipes e resolução de tensões em grupos de trabalho ouvirão relatos, como «Sociodrama em Questões Públicas» e participarão de grupos de discussão como «Sociodrama em Grupos de Trabalhos», «Grupo Sensitivo e Sociodrama», assistirão a Atelier como «Aprendizagem de Papéis com Executivos», entre outros.

Finalmente aos pedagogos e outros interessados na utilização das técnicas dramáticas em ensino ou desenvolvimento de papéis profissionais, serão úteis os relatos oficiais versando sôbre Psicodrama e Pedagogia, Jogos Dramáticos aplicados à Educação, entre outros, efetuando a discussão dos mesmos em Grupos de Discussão Dramatizada sôbre Metodologia Psicodramática em Pedagogia, Treinamento de Professôres com Técnicas Dramáticas; na linha de aprendizagem de papéis profissionais assistirão grupos de discussão sôbre técnicas dramáticas e ensino de psicologia e de psiquiatria; nos numerosos ateliers de aprendizagem de papéis completar-se-á a discussão de técnicas.

A orientação aqui sugerida visa facilitar o aproveitamento das atividades dos congressistas; os eventos citados o são apenas a título de exemplo, não significando isso qualquer forma de valorização. A Secretaria Científica colocará elementos à disposição para esclarecimentos de momento que se fizerem necessários. Haverá ainda painéis em que as diversas linhas de atividade serão expostas de maneira a distinguí-las umas de outras.

REGULAMENTO

Os idiomas oficiais dos Congressos são inglês e português.

Haverá, para todos os trabalhos, sistemas de tradução.

Todos os trabalhos serão devidamente registrados para posterior publicação e distribuição aos Congressistas.

Na sessão solene de encerramento, será anunciado o País-sede do próximo Congresso.

A Secretaria Geral dos Congressos entregará no último dia, diplomas e certificados aos participantes.

Categoria de membros:

Convidados especiais: são profissionais que possuem antecedentes relevantes em sua especialidade e por esta razão merecem tal distinção.

Titulares: médicos, psicólogos e profissionais afins; podem apresentar trabalhos, intervir e participar das atividades científicas e sociais do Congresso.

Estudantes: não podem apresentar trabalhos, exceto quando o mesmo tenha participação orientada por um profissional, mas podem participar e intervir em tôdas as atividades científicas. Não será possível seu acesso às atividades sociais.

Acompanhantes: poderão participar das atividades científicas mas não podem intervir nas mesmas. Terão acesso às atividades sociais.

ORGANIZAÇÃO

Relatos Oficiais:
Constarão de conferências, com 30 minutos de duração, apresentadas por convidados especiais. Terão lugar diàriamente, como atividade básica do temário oficial, correspondendo a cada jornada do programa previsto.

Teatro Permanente:
Aqui se assistirá ao desenvolvimento completo de uma sessão de Psicodrama, sob enfoque de Psicodrama Público, onde se observará o manejo de grupos grandes. As demonstrações estarão a cargo de Diretores de Psicodrama especialmente convidados, que disporão de equipes de Egos-auxiliares. Duração: 2 horas.

Grupos de Discussão Dramatizada:
Para cada tema haverá um Coordenador e uma Mesa composta de especialistas convidados como discutidores. O Coordenador, utilizando uma equipe de Egos-auxiliares, apresentará inicialmente uma dramatização prèviamente ensaiada sôbre uma situação relativa ao assunto. Em seguida, dará início às discussões, trabalhando como elemento de ligação entre os componentes da Mesa e o Auditório. O objetivo dessa linha de trabalho é fazer com que os integrantes da Mesa se refiram ao tema de acôrdo com os interêsses emergentes do Auditório, e que desenvolvam suas respostas ou opiniões, na medida do possível, através de dramatizações, utilizando a mesma equipe de Egos-auxiliares. Duração: 2 horas.

Ateliers de Psicodrama:
Demonstrações de técnicas psicodramáticas aplicadas a trabalhos específicos, com enfoque de Role-playing, a cargo de Diretores de Psicodrama, Diretores de Técnicas Dramáticas e Egos-auxiliares ou membros do próprio Auditório.
As demonstrações serão explicitadas no debate com o Auditório e no eventual confronto com outros especialistas. Duração: 1 hora.

Ateliers de Expressão:
Demonstrações de diversas técnicas, a cargo de especialistas provenientes de diferentes disciplinas. Duração: 1 hora.

Filmes e Diapositivos:
Recebidos e selecionados pela Secretaria Científica, serão demonstrados em sessões especiais, que poderão ser seguidas de discussões com o Público. Duração: 1 hora.

EGOS-AUXILIARES OFICIAIS DOS CONGRESSOS
OFFICIAL AUXILIARY-EGOES OF THE CONGRESSES

ALBERTO ZUNGER	EDY S. NAVARRO
ALEXANDRE . MIRANDA	ELIANE M. PASTOREIO
ANA C. PÁDUA	ELISABETH MILLAN
ANA DAISY A. GAM	ELISABETH C. SOEIRO
ANA M. A. COSTA	ENEIZA ROSSI
ANA M. GAUDENCIO	ERIKA E. STRACK
ANDRÉ IVAN	ESTHER LUDNER
ANGELA C. MASSI	EUNOFRE MARQUES
ANIBAL MEZHER	EVA T. OCOUGNE
ANITA C. MALUF	EVELISE M. CATALANI
ANTONIO C. CAMPOS	FANTINA DUARTE
ANTONIO C. EVA	FERNANDA P. S. GASPAR
ANTONIO C. M. GODOY	FERNANDO A. M. FLORA
ANTONIO V. DOURADO	GENNY AGUIAR
AUREA M. S. CARVALHO	HAROLDO PEDREIRA
BERNADO AKERMANN	HELENA M. C. GOUVEIA
CARLOS ALBERTO V. FONSECA	HELIO KORSHY
CARLOS ANTONIO F. TEIXEIRA	HELOISA H. DE ALMEIDA
CARLOS ANTONIO R. COELHO	HERMELINDA BARROS
CARLOS R. SEGRE	IÇAMI TIBA
CECILIA LEMAHN	IONE SCARPELLI
CELESTE A. M. S. CHAVES	ITALO CANDIA
CELIA B. FERREIRA	IVETTE COUTINHO
CELIANITA N. TEITELROIT	JAIME KAHAN
CLAUDIO ROSSI	JAIR Q. MOURÃO
CLEIDE MARTINS	JEANNETTE DE VIVO
CONSUELO A. CARVALHO	JOÃO C. PASTOR
DALVA C. DE ALMEIDA	JOÃO M. VARELLA
DAVID FORTUNATO	JOEL S. GIGLIO
DECIO T. NORONHA	JOSÉ B. CARNEIRO
DULCE TARDELLI	JOSÉ A. GAIARSA
EDITH SAAL	JOSÉ BILIKJIAN

20

JOSÉ S. M. WERNECK
JULIANNA E. FLOREZ
LAIS M. GONÇALVES
LÁZARO G. SCHARFF
LÉA K. BRICKMAN
LEILA V. FALSETTI
LEONOR Z. A. PIRES
LIA R. COLUSSI
LILIA S. HEMSI
LILIA MILLER
LUCIA AKERMANN
LUIZ M. DA SILVA
LUIZ TENÓRIO O. LIMA
MARCIA ZANETTI
MARCO A. PISANI
M. ALCINA CELIDONI
M. ALEUDA A. MORENO
M. AMÁLIA CANAVAL
M. ANGELA G. MORETSOHN
M. APARECIDA C. STEFANINI
M. CARMO FAGUNDES
M. CÉLIA A. FLORENCE
M. DOLORES S. VERRI
M. HELENA SANTOS
M. EMILIA G. FERREIRA
M. ISABEL C. A. QUADROS
M. JESUS A. ALBUQUERQUE
M. JOSÉ OLIVEIRA
M. LÚCIA F. CAMARGO
M. LÚCIA P. PAULA
M. LUIZA F. ANDADE
M. REGINA A. LOPES
M. TERESA C. SOEIRO
MARIA LUCIA S. D'ALESSANDRO
MARIO J. MARRONE
MARISA PELELLA
MARISA V. FERREIRA
MARLY RAMOS
MAURO MADUREIRA
MÁXIMO L. STEFANO

MOISÉS AGUIAR
NAIR E. M. FORTUNATO
NAIR TERRON
NAIRO S. VARGAS
NAISA DE O. FRANÇA
NILO VIEIRA
NILZA R. FERRAZ
NORMA JATOBÁ
NORMA CORSINO
ORLANDO MARTINS
OSMA S. ARAUJO
REGINA C. D. CALLAES
REGINA CHNAIDERMAN
REGINA F. MONTEIRO
REGINA T. MARCONDES
REINALDO S. CORRÊA
ROBERTO A. P. COSTA
ROBERTO B. BALSAMO
ROBERTO VILARDO
ROBERTO C. LOPES
ROBERTO B. THEODORO
RONALDO P. T. COSTA
SILVANA R. FORTE
SILVIA B. PEREIRA
SILVIA L. GALANTE
SONIA BRANDÃO
SONIA M. LOSITO
SONIA PEDROSA
SONIA V. NOVAES
STELLA M. G. LOUREIRO
STELLA REGINA B. FREIRIAS
THEREZA AVÓLIO
THÉRÈSE O TELLEGEN
VANIA L. CRELLIER
VERA KOENIGSBERGER
VICENTE A. ARAUJO
WILMA MASCARENHAS
YONE C. DA COSTA
YVONNE DE M. VIEIRA

Apresentamos a seguir a relação dos primeiros professores brasileiros de psicodrama, certificados como didatas pela Associação Argentina de Psicodrama e Psicoterapia de Grupo, a qual era credenciada pelo World Center for Psychodrama, Sociometry and Group Psychotherapy:

- Alfredo Correia Soeiro;
- Antonio Carlos Cesarino;
- Íris Soares de Azevedo;
- José Manoel D'Alessandro;
- Laercio de Almeida Lopes;
- Pedro Paulo Uzeda Moreira.

Como parte do acervo do projeto "Memória da Febrap", há um filme, em preto e branco e sem som, no qual podemos apreciar, na sessão de abertura do dia 17 de agosto de 1970, a entrega pública e formal de diplomas aos seis primeiros formandos do Brasil, diante de uma plateia lotada, no grande anfiteatro localizado no vão interno do segundo piso inferior do Masp.

Rojas-Bermúdez (1980) afirma que "com esta primeira formação de formandos, alcança projeção em nível internacional o enfoque psicodramático elaborado pela Associação Argentina. Concretizamos, assim, uma significativa maturidade em nível científico".

A programação científica

As atividades foram desenvolvidas no grande anfiteatro, situado no vão livre do segundo piso inferior, onde estavam montados o palco de arena e a arquibancada semicircular, e nas seis salas, denominadas A, B, C, D, E e F, localizadas não só no segundo piso inferior como também no primeiro piso inferior do Masp, segundo Soeiro (entrevista, 2008).

Os participantes eram psiquiatras, psicólogos, educadores, artistas (dentre eles, Walmor Chagas e Maria Isabel de Lizandra), pacientes de psicoterapia, sociólogos, além, é claro, de muitos agentes do Departamento de Ordem Política e Social (Dops) e do Serviço Nacional de Informações (SNI) camuflados e "interessados" em psicodrama (Borba, vídeo 1, 1993 *apud* Costa, 2001).

A seguir, reproduzimos a programação completa do congresso, com os títulos dos trabalhos científicos, a modalidade e os nomes dos diretores e coordenadores, em cada dia. Observe, caro leitor, o grande número de trabalhos, a variedade de temas (muitos deles eram novos para a época) e a enorme participação de profissionais brasileiros na grade científica.

SEGUNDA FEIRA - 17/8/70

HS.	GRANDE ANFITEATRO	SALA A	SALA B	SALA C	SALA D	SALA E	SALA F
9	SESSÃO DE ABERTURA						
10							
10–11		R.O. -Psicodrama e Esquema Referencial- IRIS S. AZEVEDO (Br.)	A. Psd. -Aprendizagem de Papéis e Relação Médico-Paciente- Dir.: A. C. CESARINO (Br.) e J. S. FONSECA (Br.)	G.D.D. -Manejo da Agressão- Coord.: P. P. UZEDA MOREIRA (Br.) Mesa: J. SACKS (E.U.A.) S. ETCHEVERRY (Arg.) M. P. NAVARRO (Br.) J. ECHANIZ (Arg.) A. BUFANO (Arg.) G. MAZIERES (Arg.)	G.D.D. -Unidade Funcional Diretor Ego-auxiliar- Coord.: J. M. D'ALESSANDRO (Br.) Mesa: J. SACKS (E.U.A.) S. ETCHEVERRY (Arg.) N. SAKALIK (Arg.) MARAZZA (Arg.) E. P. BARTOLINI (Arg.) L. SZALZKOWICZ (Arg.) P. BOUR (Fr.)	A. Psd. -Elementos de Psicodrama- Dir.: LAERCIO A. LOPES (Br.)	
11–12							
12							
13							
15–16		R.O. -Núcleo do Ego- C. QUINTANA (Arg.) R.O. -Esquema de Papéis- E. BOGLIANO (Arg.)	A. Psd. -Demonstração de Técnicas Psicodramáticas Japonesas- Dir.: K. MATSUMURA (Jp.)	G.D.D. -Sociodrama: Aspectos Técnicos- Coord.: A. MEZHER (Br.) Mesa: J. C. GALE (Arg.) N. PICKHOLZ (Br.) F. RINAVERA (Arg.) G. MAZIERES (Arg.) J. AMARO (Br.)	G.D.D. -A Imagem no Psicodrama- Coord.: A. C. SOEIRO (Br.) Mesa: J. SACKS (E.U.A.) A. CORRALES (Arg.) F. ROSEMBERG (Br.) V. KOENIGSBERGER (Arg.) J.G. ROJAS-BERMUDEZ (Arg.)	A. Psd. -Psicodrama com Pais- Dir.: J. ECHANIZ (Arg.)	A. Psd. -Sociodrama em Grupos de Trabalho- Dir.: M. P. NAVARRO (Br.)
16–17		R.O. -Experiência Psicodramática como Modelo Comportamental- BRETT STUART (E.U.A.) R.O. -Sociodrama em Questões Públicas- A. KNEPLER (E.U.A.)					
17–18			A. Psd. -Arteterapia e Psicodrama- Dir.: N. JATOBÁ (Br.)	G.D.D. -Role-playing de Mães: Limites com Psicodrama- Coord.: M. NEDER (Br.) Mesa: N. PADOVAN (Arg.) C. QUINTANA (Arg.) M. G. ARAUJO (Br.) J. ECHANIZ (Arg.)	G.D.D. -Papéis Psicossomáticos e Núcleo do Ego- Coord.: M. R. A. LOPES (Br.) Mesa: D. BUSTOS (Arg.) E. BOGLIANO (Arg.) E. MAZIERES (Arg.) C. QUINTANA (Arg.) J.G. ROJAS-BERMUDEZ (Arg.)	A. Psd. -Técnicas Psicodramáticas- Dir.: D. ELEFTHERY (E.U.A.) A. Psd. -Manejo da Distância, do Espaço e do Tempo- Dir.: A. BUFANO (Arg.)	G.D.D. -Aprendizagem de Papéis e Ensino de Psicologia- Coord.: IRIS S. AZEVEDO (Br.) Mesa: V. KOENIGSBERGER (Br.) E. T. OCOGNHE (Br.) E. MARAZZA (Arg.) T. S. FRAGUEIRO (Arg.) E. AZZI (Br.)
18–19							
19							
20	TEATRO PERMANENTE Dir.: J. SACKS (E.U.A.)						
21							

TERÇA FEIRA - 18/8/70

HS.	GRANDE ANFITEATRO	SALA A	SALA B	SALA C	SALA D	SALA E	SALA F
9		R.O. -Grupos Sensitivos- A. ANCELIN-SCHUTZENBERGER (Fr.)	A. Exp. -Um Caso de Neurose Obsessivo Compulsiva Tratado pelo Psicodrama- Coord.: F. F. D'ANDREA (Br.)	G.D.D. -Manejo do Silêncio- Coord.: A. C. GODOY (Br.) Mesa: J. SACKS (E.U.A.) N. GAIARSA (Br.) J. ECHANIZ (Arg.) P. GAUDENCIO (Br.)	G.D.D. -Sociodrama em Grupos de Trabalho- Coord.: M. P. NAVARRO (Br.) Mesa: L. M. GONÇALVES (Br.) LAERCIO A. LOPES (Br.) I. RINAVERA (Arg.) J. NOTTO (Br.) N. PICKHOLZ (Arg.)	A. Psd. Relação Médico - Paciente- Dir.: G. MAZIERES (Arg.)	A. Psd. -Elementos de Psicodrama- Dir.: J. M. D'ALESSANDRO (Br.)
10		R.O. -Mecanismos de Cura do Psicodrama- I. G. ROJAS-BERMUDEZ (Arg.)					
10		R.O. -Normas e Técnicas do Psicodrama- ZERKA MORENO (E.U.A.)	A. Psd. -Psicodrama Individual- Dir.: I. RINAVERA (Arg.)			A. Exp. -Técnicas Dramáticas no Ensino Primário e Classes Especiais- Coord.: ELIZABETH CILLY (Arg. e col	A. Psd. -Formação de Psicodramatistas em Beacon- Dir.: J. PUNDIK (Arg.)
11		R.O. -Tema em Aberto- Dir.: E. PORTELLA NUNES (Br.)					
11				A. Exp. -Relação Administração - Clínica- Coord.: O. DI LORETO (Br.) Mesa: M. SCHWARZSCHILD (Br.) A. C. EVA (Br.) B. MERZBACHER (Arg.) C. ELEFTHERY (E.U.A.) O. GARI DE FARIA (Br.) D. ZIMERMAN (Br.) B. BERGGREN (Sué.)	G.D.D. -Insight Psicodramático: Catarse de Integração- Coord.: M. G. ARAUJO (Br.) Mesa: E. PAVLOVSKY (Arg.) Z. MORENO (E.U.A.) I. G. ROJAS-BERMUDEZ (Arg.)	A. Psd. -Atmosferas Emocionais na Sessão de Psicodrama- Dir.: J. SACKS (E.U.A.)	A. Exp. -Musicoterapia- Coord.: R. BENENZON (Arg.)
12	TEATRO PERMANENTE Dir.: J. ENNIS (E.U.A.)						
13							
15		R.O. -Psicodrama e Pedagogia- M. A. ROMARA (Arg.)	A. Psd. -Esquema de Papéis- Dir.: E. BOGLIANO (Arg.)	G.D.D. -Início de um Grupo- Coord.: J. S. FONSECA (Br.) Mesa: R. MARCONDES (Br.) A. MEZHER (Br.) P. P. UZEDA MOREIRA (Br.) I. RINAVERA (Arg.) E. PAVLOVSKY (Arg.)	G.D.D. -Psicodrama de Psicóticos- Coord.: LAERCIO A. LOPES (Br.) Mesa: A. SILVEIRA (Br.) L. GIACCHETTA (Arg.) P. BOUR (Fr.) A. C. SOEIRO (Br.) C. QUINTANA (Arg.) A. CORRALES (Arg.) B. MERZBACHER (Arg.) I. G. ROJAS-BERMUDEZ (Arg.)	A. Psd. -Jogos Dramáticos- Dir.: A. BUFANO (Arg.)	
16		R.O. -Princípios de Comunidade Terapêuticas Aplicados às Ocorrências Cotidianas- MAXWELL JONES (E.U.A.)				A. Psd. -Metodologia Psicodramática e Estruturas- Dir.: M. A. ROMARA (Arg.)	A. Psd. -Técnica de Cooterapia em Psicodrama- Dir.: J. FAGUNDES (Arg.)
16		R.O. -Progressos no Sociopsicodrama Japonês- K. MATSUMURA (Jp.)					
17		R.O. -Realizações no Período de 1967/70 do Programa Nacional de Saúde Mental na República Argentina- J. R. ESTEVEZ (Arg.)					
17			A. Psd. -Psicodrama e Objeto Intermediário- Dir.: P. BOUR (Fr.)	G.D.D. -Metodologia Psicodramática em Pedagogia- Coord.: S. GOUVEIA (Br.) Mesa: M. A. ROMARA (Arg.) L. ECHANIZ (Arg.) L. GONÇALVES (Br.) M. L. D'ALESSANDRO (Br.) S. ETCHEVERRY (Arg.)	G.D.D. -Atuação Terapêutica e Atuação Irracional- Coord.: M. R. A. LOPES (Br.) Mesa: G. MAZIERES (Arg.) L. ECHANIZ (Arg.) L. A. LOPES (Br.) E. BUFANO (Arg.) E. PAVLOVSKY (Arg.) I. G. ROJAS-BERMUDEZ (Arg.) J. SACKS (E.U.A.)	A. Psd. -Ideologia do Pensamento Moreniano- Dir.: J. PUNDIK (Arg.)	A. Psd. -Sociodrama em Grupos de Trabalho- Dir.: I. NOTTO (Br.) e N. PICKHOLZ (Arg.)
18							
19							
19	TEATRO PERMANENTE Dir.: ZERKA MORENO (U.S.A.)						
20							
21							

QUARTA FEIRA - 19/8/70

HS.	GRANDE ANFITEATRO / SALA A	SALA B	SALA C	SALA D	SALA E	SALA F
9	R.O. •Psicodrama e Comunidade Terapéutica• J. G. ROJAS-BERMUDEZ (Arg.)			G.D.D. •Comunidade Terapéutica Vertical e Horizontal• Coord.: A. C. EVA (Br.) Mesa: O. DI LORETO (Br.) MAXWELL JONES (E.U.A.) T. FRAM (Br.) P. GAUDENCIO (Br.) M. A. ROMARA (Arg.) J. M. D'ALESSANDRO (Arg.)	A. Psd. •Psicodrama e Psicopatologia• Dir.: G. MAZIERES (Arg.)	
10	R.O. •Núcleo do Ego e Conduta Psicopática• J. RINAVERA (Arg.)	A. Psd. •Uso de Imagem em Pacientes com Sintomas Psicossomáticos• Coord.: A. C. SOEIRO (Br.)	G.D.D. •Orientação de Adolescentes na Escola com Técnicas Dramáticas• Coord.: L. GONÇALVES (Br.) Mesa: S. ETCHEVERRY (Arg.) T. FRAM (Br.) P. GAUDENCIO (Br.) M. A. ROMARA (Arg.) J. M. D'ALESSANDRO (Br.)		A. Psd. •Sensitivity training como Técnica na Sessão de Psicodrama e como Grupo de Sensibilização• Dir.: J. PUNDIK (Arg.)	A. Exp. •Teste Projetivo Sonoro• Coord.: R. BENENZON (Arg.)
10	R.O. •Os Limites do "Como Se" A presença como infinito e uma finitude• CAROL SONENREICH (Br.)	•Psicodrama com Adolescentes• Dir.: E. PAVLOVSKY (Arg.)				
11	R.O. •O Objeto Intermediário• D. BUSTOS (Arg.)					F.D. •Títeres e Psicodrama• Coord.: J. G. ROJAS-BERMUDEZ (Arg.)
11		A. Exp. •Meios de Comunicação de Massas, a Psicologia de Hoje e Psicodrama• Coord.: JOHNATHAN MORENO (E.U.A.)	G.D.D. •Manejo da Sedução• Coord.: A. C. CESARINO (Br.) Mesa: G. MAZIERES (Arg.) L. A. LOPES (Br.) J. SACKS (E.U.A.) H. PEDREIRA (Br.) C. SZALZKOWICZ (Arg.)	G.D.D. •Entrada de Pacientes• Coord.: I. S. FONSECA (Br.) Mesa: R. A. CORREIA (Br.) C. EVA (Br.) R. CAMINO (Arg.) M. PILELLA (Br.) C. QUINTANA (Arg.) L. PETTINA (Arg.)	A. Exp. •Psicodrama de Antecipação Vocacional• Coord.: P. WEIL (Br.)	
12	TEATRO PERMANENTE Dir.: PIERRE BOUR (Fr.)					
13						
15	R.O. •Aspectos do Processo Terapéutico no Psicodrama de Crianças• A. C. SOEIRO (Br.)	A. Psd. •Indicações para Uso Específico de Algumas Técnicas• Dir.: E. MILAN (Br.)	G.D.D. •Grupo Sensitivo e Psicodrama• Coord.: A. MEZHER (Br.) A. ANCELIN-SCHUTZENBERGER (Fr.) Mesa: C. CHAN (Esc.) S. FONSECA (Br.) F. ARDOINO (Fr.) J. M. D'ALESSANDRO (Br.)	G.D.D. •Psicodrama, Som e Movimento• Coord.: L. GONÇALVES (Br.) Mesa: J. SACKS (E.U.A.) G. UARSA (Br.) S. HICKSON (Inglaterra) M. BINI (Arg.) R. BENENZON (Arg.) J. G. ROJAS-BERMUDEZ (Br.)		F.D. •Teatro com Psicóticos• Coord.: J. FAGUNDES (Br.)
16	R.O. •Comunidade Terapéutica de Crianças• O. DI LORETO (Br.)					
16	R.O. •Psicodrama com Crianças e Adolescentes• J. ECHANIZ (Arg.)	A. Psd. •Tratamento Psicodramático na Personalidade Psicopática• Dir.: J. RINAVERA (Arg.)			A. Psd. •Psicodrama Individual com paciente Psicótico• Dir.: I. M. D'ALESSANDRO (Br.) G. SCHARF (Br.) ANGELA MASSI (Br.) A. C. MALUFE	A. Exp. •Atividades numa Comunidade Terapéutica Infantil• Dir.: S. NOVAES (Br.)
17	R.O. •Psicose e Psicanálise no Estabelecimento Hospitalar e un Marco Hospitalar Psiquiátrico• J. C. SISTO (Arg.)					
17	A. Psd. •Psicodança• Dir.: J. G. ROJAS-BERMUDEZ (Arg.) Eqpe: A. MASSI (Br.) L. GONÇALVES (Br.) M. V. FERREIRA (Br.)	A. Psd. •Laboratório de Treinamento Dramático• Dir.: E. PAVLOVSKY (Arg.)	G.D.D. •Liderança Múltipla• Coord.: A. C. SOEIRO (Br.) Mesa: P. WEIL (Br.) B. BERGUIER (Sul) B. CHAN (Escócia) MAXWELL JONES (E.U.A.) T. M. MARELLA (Br.) E. M. M. ROSSARO (Br.) B. MERZBACHER (Arg.) L. O. LIMA (Br.)	G.D.D. •Orientação de Mães na Escola com Técnicas Dramáticas• Coord.: M. T. SOEIRO (Br.) Mesa: L. VERVIA (Br.) E. H. S. QUEIROZ (Br.) E. M. M. ROSSARO (Br.) G. A. CARVALHO (Br.) E. MAVAZZA (Arg.) A. DI VECCI (Arg.)	A. Exp. •Psicodrama com Estudantes Universitários: Crise de Identidade• Coord.: F. F. D'ANDREA (Br.)	
18						
19	TEATRO PERMANENTE Dir.: A. ANCELIN SCHUTZENBERGER (Fr.)					
20						
21						

QUINTA FEIRA - 20/8/70

HS.	GRANDE ANFITEATRO	SALA A	SALA B	SALA C	SALA D	SALA E	SALA F
9						A. Psd. -Grupo Familiar e Abordagem Multidisciplinar- Dir.: C. CHAN (Esc.)	A. Exp. -Comunicação Não Verbal- Coord.: S. HICKSON (Ingl.)
10		O.R. -Jornadas de Resto Profesional de experiência pratica institucional familiar- G. MAZIERES (Arg.) R.O. -Aspectos Psicodinâmicos da Comunidade Terapêutica- D. E. ZIMERMAN e F. RIOTA (Br.)	A. Psd. -Técnica Grupais para Desenvolvimento de Recursos Humanos na Empresa- Dir.: D. PLATERO (Arg.)	G.D.D. -Enfermagem Psiquiátrica e Comunidade Terapêutica- Coord.: M. P. NAVARRO (Br.) Mesa: J. DE OLIVEIRA (Br.) M. C. PEREIRA (Br.) B. SIMÕES (Port.) M. CUNHA (Br.) A. C. EVA (Br.) U. SILVEIRA (Br.)	G.D.D. -Psicodrama de Crianças- Coord.: N. JATOBA (Br.) I. ECHANIZ (Arg.) Mesa: M. R. B. CARVALHO (Br.) N. PADOVAN (Arg.) K. MATSUMURA (Jp.) H. GRUNSPUN (Br.)		
11		R.O. -Psicodrama e Análise Experimental do Comportamento- V. KOENIGSBERGER (Br.) R.O. -Crise e Confrontação- C. CHAN (Esc.)	A. Psd. -Psicodrama: Experiência Crucial no Relacionamento- Dir.: I. ARDOINO (Fr.)			A. Exp. -Jogo de Terapia de Grupo- Coord.: F. F. D'ANDREA (Br.)	A. Psd. -Música e Objeto Intermediário- Dir.: P. P. UZEDA MOREIRA (Br.)
12			A. Psd. -Psicodrama e Alucinógenos- Dir.: J. G. ROJAS-BERMUDEZ (Arg.)	G.D.D. -Papéis e Status na Comunidade Terapêutica- Coord.: J. M. D'ALESSANDRO (Br.) I. ECHANIZ (Arg.) Mesa: L. C. OSORIO (Br.) S. M. G. LOUREIRO (Br.) F. TANCREDI (Port.) A. KNEPLER (E.U.A.) E. GIAN DE FARIA (Br.) M. JONES (E.U.A.) B. BERGGREN (Suécia)	G.D.D. Psicodrama de Adolescentes- Coord.: M. SCHWARZSCHILD (Br.) Mesa: M. P. NAVARRO (Br.) D. ELEFTHERY (E.U.A.) E. S. AZEVEDO (Br.) A. PAVLOVSKY (Arg.) E. BOGLIANO (Arg.) H. GRUNSPUN (Br.)	A. Psd. -Aprendizagem de Papéis com Executivos- Dir.: L. GONÇALVES (Br.)	F. D. -Diapositivos: Psicodrama e Arte- Coord.: J. G. ROJAS-BERMUDEZ (Arg.)
13							
15		O.R. -Psicodrama de Casais- J. P. BARTOLINI (Arg.) O.R. -Jogos Dramáticos Aplicados à Educação- A. BUFANO (Arg.)	A. Exp. -Ambientoterapia na Infância- Coord.: M. PELELLA (Br.)	G.D.D. -Psicodrama e Análise Experimental do Comportamento- Coord.: V. KOENIGSBERGER (Br.) Mesa: C. ADDES (Br.) A. MATOS (Br.) B. STUART (E.U.A.) C. SONENREICH (Br.) C. MARTUCCELLI (Br.)	G.D.D. -Preparação da Equipe Psiquiátrica na Comunidade Terapêutica- Coord.: L. A. LOPES (Br.) Mesa: C. CHAN (Esc.) G. MAZIERES (Arg.) M. JONES (E.U.A.) W. J. SIMPLICIO (Br.) M. SCHWARZSCHILD (Br.) B. BERGGREN (Suéc.)	A. Exp. -Comparação entre Pautas de Conduta na Comunidade e na Sociedade Global- Coord.: Prof. DINELLO (Uruguai)	
16		O.R. -Dinâmica de Subjacente e Sismologia Social- I. ARDOINO (Fr.) O.R. -Tema em aberto- F. TANCREDI (Port.) C. CALDEIRA (Port.)	A. Psd. -Formação de Ego-auxiliares- Dir.: A. BUFANO (Arg.)			A. Psd. -Preparação e Integração de Grupos de Artistas com Psicóticos Crônicos- Coord.: J. G. ROJAS-BERMUDEZ (Arg.)	
17			A. Psd. -O -Sharing-, Terceira Etapa da Sessão de Psicodrama- Dir.: J. PUNCIK (Arg.)	G.D.D. -Relação Família - Hospital- Coord.: M. SCHWARZSCHILD (Br.) Mesa: C. CHAN (Esc.) S. M. G. LOUREIRO (Br.) V. ROIG (Arg.) L. OLIVEIRA (Br.) I. RINAVERA (Arg.) AYO BINNITIE (Nig.)	G.D.D. -Psicodrama de Casais- Coord.: Z. A. B. RAMADAN (Arg.) Mesa: J. BARTOLINI (Arg.) C. QUINTANA (Arg.) Z. MORENO (E.U.A.) P. P. UZEDA MOREIRA (Br.) A. BUFANO (Arg.)	A. Psd. -Psicodrama com Adolescentes- Dir.: S. AZEVEDO (Br.)	A. Psd. -Integração Corporal- Dir.: M. BINI (Arg.)
18							
19						A. Exp. -Integração de Comunidades Marginalizadas na Comunidade Maior- Coord.: V. L. O. SALVATORE (Br.)	
20	TEATRO PERMANENTE Dir.: J. G. ROJAS-BERMUDEZ (Arg.)						
21							

SEXTA FEIRA - 21/8/70

HS.	GRANDE ANFITEATRO	SALA A	SALA B	SALA C	SALA D	SALA E	SALA F
9		R.O. -Ensino de Psiquiatria com Técnicas Dramáticas- A.C. CESARINO (Br.)				A. Psd. -Grupo Administrativo e Tomada de Papéis- Dir.: C. CHAN (Esc.)	
10		R.O. -Psicodrama e Psicoterapia Breve- N. SAKALIK (Arg.)		■ G.D.D. -Psicodrama e Psicoprofilaxia- Coord.: J. FAGUNDES (Br.) Mesa: N. PADOVAN (Arg.) D. NORONHA (Br.) L. BRICKMAN (Br.) T. S. FRAGUEIRO (Arg.) J. RODRIGUES (Br.)	■ G.D.D. -Sociodrama na Preparação da Equipe Psiquiátrica- Coord.: C. SONENREICH (Br.) Mesa: B. METZBACHER (Arg.) N. GACCETTA (Arg.) M. P. NAVARRO (Br.) J. NOTTO (Br.) G. MAZIERES (Arg.) J. AMARO (Br.)		
10		R.O. -Comunidade Não Terapêutica- R. PRIETO (Ur.)	A. Psd. -Psicodrama com Títeres- Dir.: J. G. ROJAS-BERMÚDEZ (Arg.) Ego: A. BUFANO (Arg.)			A. Psd. -Role-playing e Relação Médico - Paciente (para Estudantes de Medicina)- Dir.: A. MEZHER (Br.)	
11			A. Psd. -Grupo Psicodramático de Orientação de Mães- Dir.: J. ECHANIZ (Br.)				
11	TEATRO PERMANENTE		A. Psd. -Passagem de Grupoterapia Verbal para Psicodrama- Dir.: A. C. SOEIRO (Br.)		■ G.D.D. -Comunidades Não-Terapêuticas e seus Aspectos Terapêuticos- Coord.: C. SONENREICH (Br.) Mesa: R. PRIETO (Ur.) O. DI LORETO (Br.) A. C. CESARINO (Br.) B. BEROGGEN (Sw.) J. G. ROJAS-BERMÚDEZ (Arg.)	A. Psd. -Técnicas Psicodramáticas na Preparação do Parto- Dir.: D. NORONHA (Br.)	F.D. -Role-playing- Coord.: J. ARDOINO (Fr.)
12	Dir.: J. P. BARTOLINI (Arg.)						
13							
15		R.O. -Comunidade Terapêutica na Argentina- L. PETTINA (Arg.)	A. Psd. -Aprendizagem de Papéis na Formação do Educador em Saúde Pública- Dir.: J. FAGUNDES (Br.)	■ G.D.D. -Tomada de Decisões em Comunidade Terapêutica- Coord.: P. UZEDA MOREIRA (Br.) Mesa: L. PETTINA (Arg.) R. CAMINO (Arg.) L. ROTTA (Br.) M. JONES (E.U.A.) F. TANCREDI (Port.) J. G. ROJAS-BERMÚDEZ (Arg.)	■ G.D.D. -Ensino da Psiquiatria com Técnicas Dramáticas- Coord.: G. MAZIERES (Arg.)	A. Psd. -Aprendizagem de Papéis Profissionais na Equipe Terapêutica- Dir.: G. MAZIERES (Arg.)	F.D. -Psicodrama de um Casamento- Dir.: J. L. MORENO (E.U.A.)
16		R.O. -Tratamento de Psicóticos com Psicodrama- B. METZBACHER (Arg.)			Coord.: A. C. CESARINO (Br.) Mesa: C. SONENREICH (Br.) G. MAZIERES (Arg.) F. BUSTOS (Arg.) S. FONSECA (Br.) E. AZZI (Br.) E. SAKALIK (Arg.)	A. Psd. -Psicodrama de Casais- Dir.: J. P. BARTOLINI (Arg.)	F.D. -Diapositivos sôbre a Comunidade Terapêutica de Dingleton- Coord.: C. CHAN (Escócia)
16		R.O. -Tema em Aberto- O. SANTOS (Br.)	A. Exp. -JUCA como objeto Intermediário na Aprendizagem Infantil- Coord.: L. N. AIEX e M. F. B. MOTTA (Br.)				
17				■ G.D.D. -Hospitalismo- Coord.: Z. B. A. RAMADAN (Br.) R. SOUZA CORREA (Br.) Mesa: J. RINAVERA (Arg.) A. C. OSORIO (Br.) V. ROIG (Arg.) N. J. M. TEIXEIRA (Br.) C. CHAN (Esc.)		A. Psd. -Técnicas de Dramatização como Treinamento para Trabalho Grupal- Dir.: J. M. VARELLA (Br.)	Terapia pelo Som: Investigações com Estímulos Eletrônicos- J. G. ROJAS-BERMÚDEZ (Arg.) e col.
18			A. Exp. -Psicodrama da Esfinge- Coord.: P. WEIL (Br.)				
18			A. Psd. -Psicodrama com Psicóticos- Dir.: B. METZBACHER (Arg.)			A. Psd. -Psicodrama de Casais- Dir.: G. MAZIERES (Arg.)	
19							
19	TEATRO PERMANENTE						
20	Dir.: HANNAH WEINER (E.U.A.)						
21							

SÁBADO — 22/8/70

HS.	GRANDE ANFITEATRO / SALA A	SALA B	SALA C	SALA D	SALA E	SALA F
9						■ F.D. -Diapositivos: Comunidad del Sur- Coord.: R. PRIETO (Ur.)
10	■ G.D.D. -Psicodrama e Alucinógenos- Coord: A. C. GODOY (Br.) Mesa: C. MARTINS (Br.) D. BUSTOS (Arg.) M. BINI (Arg.) J. NOTTO (Br.) J. G. ROJAS-BERMUDEZ (Arg.)	■ A. Exp. -Utilização do Magnetoscópio na Sessão de Psicodrama- Coord.: J. ARDOINO (Fr.)		■ G.D.D. -Treinamento de Professores com Técnicas Dramáticas- Coord.: J. DE VIVO (Br.) Mesa: M. T. SOEIRO (Br.) S. GOUVEIA (Br.) L. GONÇALVES (Br.) M. A. BUFANO (Arg.) M. A. ROMANA (Arg.) E. BOGLIANO (Arg.)	■ A. Psd. -Grupo de Orientação de Mães com Técnicas Dramáticas- Dir.: R. F. MONTEIRO e A. MASSI (Br.)	■ F.D. -Filme: Comunidade Terapêutica de Dingleton- Coord.: C. CHAN (Escócia)
11		■ A. Psd. -Tratamento Psicodramático da Histeria de Conversão- Dir.: B. MERZBACHER (Arg.)			■ A. Psd. -Psicodrama com Deficientes Mentais- Dir.: S. PEDROSA (Br.)	
11	■ A. Psd.					
12	-Psicodança- Dir.: J. G. ROJAS-BERMUDEZ (Arg.) Ejec: M. BINI (Arg.)					
13						
13	SESSÃO DE ENCERRAMENTO					
14						

Esse intenso congresso terminou com um total de 165 trabalhos apresentados, nos seus seis dias de duração, permeando os mais variados temas de foco psicoterápico e socioeducacional.

Vejamos agora, em ordem crescente, o número de trabalhos que cada país, por meio de seus representantes, dirigiu ou coordenou:

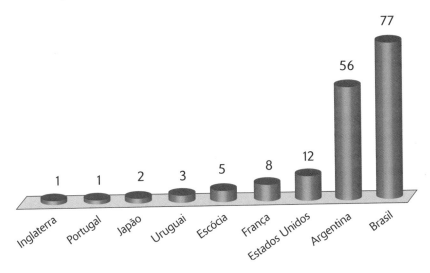

Nas palavras de Costa (2001), "é difícil de imaginar como um grupo de profissionais com dois anos e meio de formação foi capaz de organizar um evento daquela magnitude".

Parabéns aos brasileiros que, além de mostrarem dedicação, compromisso e eficiência na preparação e realização de um congresso de grande porte e nível internacional, tiveram uma significativa participação na grade científica.

O rol de certificados

Em nossa contínua busca de registros, documentos e memórias, deparamos com algumas frágeis folhas de seda, já amareladas, com marcas deixadas pela ferrugem dos grampos e clipes.

Essas folhas frágeis continham nomes "familiares", o que chamou a nossa atenção; numa análise mais apurada, percebemos sua relevância.

Tratava-se de uma carta dirigida à Secretaria Científica do V Congresso Internacional de Psicodrama, encontrada no acervo de documentos históricos da Associação Brasileira de Psicodrama e Sociodrama.

Era a segunda via da carta – finas folhas de seda com texto reproduzido por meio de papel-carbono – em que foi datilografada a solicitação da confecção dos diplomas dos apresentadores de trabalhos no congresso.

Compartilhamos a seguir o conteúdo desse documento, no qual se pode perceber a atualidade de muitos temas discutidos, vivenciados e apresentados nesse congresso, confirmando o que vimos na programação científica.

Secretaria Científica – Relação de diplomas

A. Di Vecci
Jogos dramáticos
Unidade funcional diretor/ego-auxiliar

Alfredo Correia Soeiro
Aspectos do processo terapêutico no psicodrama
Liderança múltipla
A imagem no psicodrama
Uso de imagem em pacientes com sintomas psicossomáticos
Passagem de grupoterapia verbal para psicodrama
Psicodrama de psicóticos

Ângela Cristina Massi
Grupo de orientação de mães com técnicas dramáticas
Psicodrama individual com paciente psicótico
Ego-auxiliar: psicodança

Aníbal Mezher
Role-playing e relação médico-paciente (para estudantes de medicina)
Sociodrama: aspectos técnicos
Grupo sensitivo e sociodrama
Início de um grupo

Aníbal Silveira
Psicodrama de psicóticos

Annita C. Malufe
Psicodrama individual com paciente psicótico

Antonio Carlos Cesarino
Ensino de psiquiatria com técnicas dramáticas
Aprendizagem de papéis e relação médico-paciente
Manejo da sedução
Comunidades não terapêuticas e seus aspectos terapêuticos

Antonio Carlos Eva	Comunidade terapêutica vertical e horizontal
	Relação administração-clínica
Antonio Carlos Marsiglio de Godoy	Manejo do silêncio
	Psicodrama e alucinógenos
Bernardo Blay	Manejo do silêncio
	Atuação terapêutica e atuação irracional
C. Carneiro da Cunha	Comunidade terapêutica: aspectos básicos
C. Quintana	Núcleo do ego
	Psicodrama com psicóticos
	Manejo da agressão
	Psicodrama e alucinógenos
Carol Sonenreich	Comunidades terapêuticas e seus aspectos terapêuticos
	Os limites do "como se" (o protagonista como indivíduo e como papel)
	Psicodrama e análise experimental do comportamento
Carolina Martuccelli Bori	Psicodrama e análise experimental do comportamento
Cesar Ades	Psicodrama e análise experimental do comportamento
Clóvis Martins	Psicodrama e alucinógenos
David Azoubel	Organização e funcionamento de um hospital diurno em uma clínica particular: análise do primeiro dia
David Zimerman	Aspectos psicodinâmicos da comunidade terapêutica
	Relação administração-clínica
Décio Teixeira Noronha	Técnica psicodramática na preparação para o parto

Eduardo Pavlovsky	Psicodrama com adolescentes
	Laboratório de treinamento dramático
	Psicodrama de adolescentes
	Início de um grupo
	Atuação terapêutica e atuação irracional
	Manejo da sedução
Elena Bogliano de Podestá	Psicodrama de adolescentes
	Esquema de papéis
Elizabeth Milan	Psicodrama: conceitos básicos
	Indicação para uso específico de algumas técnicas
	Psicodrama de psicóticos
	Psicodrama: bases teóricas
F. Santa Coloma	Papéis e *status* na comunidade terapêutica
	Liderança múltipla
Flavio Fortes D'Andrea	Um caso de neurose obsessivo-compulsiva tratado pelo psicodrama
	Psicodrama com estudantes universitários: crise de identidade
	Jogo na terapia de grupo
Fúlvio Rosenberg	A imagem no psicodrama
Íris Soares de Azevedo	Psicodrama de adolescentes
	Psicodrama e esquema referencial
J. C. Sisto	Processo de mudança de um estabelecimento tradicional em um moderno hospital psiquiátrico
	Resistência à mudança
J. G. Rojas-Bermúdez	Psicodrama e arte
	Psicodança
	Terapia pelo som: investigação e estímulos eletrônicos
	Elementos de psicodrama

	Teatro permanente
	Preparação e integração de grupo de artistas com psicóticos crônicos
	Comentarista de filme e diapositivo: títeres e psicodrama
	Psicodrama de psicóticos
	Psicodrama, som e movimento
	A imagem no psicodrama
	Atuação terapêutica e atuação irracional
	Comunidade terapêutica vertical e horizontal
	Comunidades não terapêuticas e seus aspectos terapêuticos
	Psicodrama e alucinógenos
	Tomada de decisões em comunidade terapêutica
	Psicodrama e análise experimental do comportamento
Jeanette de Vivo	Treinamento de professores e orientação de adolescentes com técnicas dramáticas
João Marcos Varella	Liderança múltipla
Jorge Amaro	Sociodrama: aspectos técnicos
	Técnica de cooterapia em psicodrama
José Ângelo Gaiarsa	Manejo psicodramático da couraça muscular do caráter (Reich)
	Comunidades não terapêuticas e seus aspectos terapêuticos
	Manejo do silêncio
	Psicodrama, som e movimento
	Manejo da sedução
José de Souza Fonseca Filho	Aprendizagem de papéis e relação médico-paciente
	Início de um grupo
José Manoel D'Alessandro	Grupo sensitivo e sociodrama

	Papéis e *status* na comunidade terapêutica
	Unidade funcional diretor/ego-auxiliar
	Psicodrama individual com paciente psicótico
	Elementos do psicodrama

José Otávio Fagundes
- Técnica de cooterapia em psicodrama
- Comentarista de filme e diapositivo: teatro com psicóticos
- Aprendizagem do papel de educador em saúde pública

Julio Notto
- Sociodrama em grupo de trabalho
- Marcação em psicodrama
- Psicodrama e alucinógenos
- Sociodrama: aspectos técnicos
- Manejo da agressão

L. Pettina
- Diapositivos sobre comunidade terapêutica argentina e processo de estruturação de comunidades terapêuticas
- Relação administração-clínica
- Tomada de decisões em comunidade terapêutica
- Comunidade terapêutica vertical e horizontal

Laercio de Almeida Lopes
- Elementos de psicodrama
- Psicodrama de psicóticos
- Preparação da equipe psiquiátrica na comunidade terapêutica
- Atuação terapêutica e atuação irracional
- Manejo de sedução
- Psicodrama: bases teóricas
- Psicodrama: conceitos básicos

Laís Machado Gonçalves
- Psicodança
- Psicodrama, som e movimento
- Aprendizagem de papéis com executivos
- Treinamento de professores e orientação de adolescentes com técnicas dramáticas
- Sociodrama em grupos de trabalho

Lázaro Gross Scharf	Psicodrama individual com paciente psicótico
Leda Oliveira	Relação família-hospital
Leila Naif Aiex	O objeto intermediário como técnica no processo de alfabetização: desenvolvendo na criança o papel de leitor
Luiz Carlos Osório	Hospitalismo Papéis e status na comunidade terapêutica
Luiz Cerqueira	Tomada de decisões em comunidade terapêutica
M. Alicia Romaña	Psicodrama e pedagogia Metodologia e estruturas Treinamento de professores com técnicas dramáticas
Maria Amélia Matos	Psicodrama e análise experimental do comportamento
Maria Duchenes	Preparo do corpo como instrumento de expressão Comentarista do filme e diapositivo: a linguagem do movimento
Maria Flora Baello Motta	O objeto intermediário como técnica no processo de alfabetização: desenvolvendo na criança o papel de leitor
Maria Pelella Mélega	Ambientoterapia na infância
Maria Regina de Almeida Lopes	Atuação terapêutica e atuação irracional Psicodrama: bases teóricas Psicodrama: conceitos básicos
Maria Tereza Soeiro	Psicodrama individual com paciente psicótico
Marília de Azevedo Noronha	Comentarista do filme e diapositivo: jogos dramáticos aplicados ao ensino

Mariza Villela Ferreira	Psicodança
Mathilde Neder	Aprendizagem do papel de estagiário em fisioterapia e terapia ocupacional
Mercedes Bini	Psicodrama e alucinógenos
	Psicodança
	Integração corporal
	Psicodrama, som e movimento
	Atuação terapêutica e atuação irracional
	Manejo da agressão
Miguel Perez Navarro	Manejo da agressão
	Psicodrama de adolescentes
	Sociodrama em grupos de trabalho
N. Pickholz	Sociodrama: aspectos técnicos
	Sociodrama em grupos de trabalho
	Marcação em psicodrama
Nélida Sakalik	Relação médico-paciente
	Psicodrama de adolescentes
	Unidade funcional diretor/ego-auxiliar
	Início de um grupo
Norma Jatobá	Comentarista do filme e diapositivo: arteterapia e psicodrama
	Arteterapia e psicodrama
	Psicodrama de crianças
Oswaldo Di Loreto	Relação administração-clínica
	Comunidade terapêutica vertical e horizontal
	Hospitalismo
	Comunidades não terapêuticas e seus aspectos terapêuticos
Oswaldo dos Santos	Resistência à mudança: comunidade terapêutica
	Preparação da equipe psiquiátrica na comunidade terapêutica

	Análise sobre o I Congresso Internacional de Comunidade Terapêutica
	Relação administração-clínica
Paulo Gaudêncio	Manejo do silêncio
Pedro Paulo Uzeda Moreira	Manejo da agressão
	Tomada de decisões em comunidade terapêutica
	Música e objeto intermediário
	Início de um grupo
	Manejo da sedução
	Psicodrama e alucinógenos
Pierre Weil	Psicodrama da esfinge
	Psicodrama de antecipação vocacional
	Liderança múltipla
R. Dinello	Comparação entre pautas de conduta na comunidade e na sociedade global
	Comunidade e sociedade global
R. Prieto	Comunidade não terapêutica
	Comunidade não terapêutica e seus aspectos terapêuticos
R. Relman	Marcação em psicodrama
Regina Fourneaut Monteiro	Grupo de orientação de mães com técnicas dramáticas
Regina Tiezzi Marcondes	Início de um grupo
Reinaldo Souza Corrêa	Hospitalismo
Rosa Maria Sampaio	Comentarista de filme e diapositivo: jogos dramáticos aplicados ao ensino
Sonia Novaes	Atividades numa comunidade terapêutica infantil

Sonia Pedrosa	Psicodrama com deficientes mentais
Sylvia Bresser Pereira	Comentarista de filme e diapositivo: jogos dramáticos aplicados ao ensino
Vera Konigsberger	Psicodrama e análise experimental do comportamento A imagem no psicodrama Psicodrama: bases teóricas
Vera Lúcia de Oliveira Salvatore	Integração de comunidades marginalizadas na comunidade maior
Y. Borges	Organização e funcionamento de um hospital diurno em uma clínica particular: análise do primeiro ano de vida
Zacaria Borge Ali Ramadam	Hospitalismo

Esperamos que, por intermédio da realidade suplementar de J. L. Moreno, o leitor tenha conseguido experimentar essa vivência, reportando-se a agosto de 1970 e encontrando-se com algumas dessas personalidades.

Em que ponto se dá a convergência entre o *Living Theatre* e o psicodrama?

Em relação ao que ocorria no entorno do Congresso de Psicodrama de 1970, acreditamos que seja válido o registro da presença da companhia de teatro americana *Living Theatre* no Brasil.

Fundado em Nova York em 1947, o *Living Theatre*, uma trupe de vanguarda teatral, surge com o objetivo de eliminar as fronteiras entre palco e plateia, entre vida e arte, entre atores e público, do qual se espera uma participação ativa nas cenas. Assim, o que aproxima o *Living Theatre* do psicodrama é a concepção do teatro como um fato existencial: o teatro da vida.

Como Moreno, os fundadores do *Living Theatre* propugnam por um teatro sem script, totalmente tomado pela espontaneidade e criatividade, e com novas possibilidades de representação cênica. E defendem, ainda, a expansão das fronteiras do palco em direção aos espaços da vida, ou mesmo a abolição de qualquer tipo de palco, com a ida para as praças e ruas e a integração dos atores ao público. Esses atores tentam conquistar a plateia para se misturar a ela, realizando, todos juntos, as representações criadas no "aqui e agora" das circunstâncias. E não é isso que fazemos nos nossos psicodramas públicos, os verdadeiros psicodramas? Basta visitarmos o Centro Cultural São Paulo (próximo à estação Vergueiro do metrô) aos sábados, às 10h30, para vermos algo muito similar.

Como J. L. Moreno, esse grupo americano visa à criação coletiva, ao desenvolvimento de temas ligados intimamente à vida pessoal de cada participante da experiência teatral mas que ao mesmo tempo possam caracterizar a vida comunitária de todos.

Todavia, o *Living Theatre* também tinha, naquela época, propostas diversas, de cunho político-ideológico, tais como: movimento pacifista contra a Guerra do Vietnã, desobediência civil, ideais anarquistas, adesão às atividades da contracultura, amor livre, vida tribal sem os padrões éticos da civilização, uso indiscriminado de drogas, constituindo uma verdadeira estética da ruptura.

O seu ideário, assim assumido publicamente e divulgado, espantava a burguesia. Até mesmo os intelectuais brasileiros ditos de vanguarda, up-to-date, não o viam com bons olhos.

A sede de inovação dos membros do grupo era de tal ordem que, segundo os críticos teatrais da época que lhes eram próximos, por amizade ou obrigação profissional, seu comportamento era "estranho e soturno"; diziam coisas bizarras, difíceis de entender... *Se non è vero, è ben trovato*.

O *Living Theatre* chegou ao Brasil em 1970, trazido pelo Grupo Oficina, para uma troca de experiências. Quando desembarcaram em São Paulo, os componentes da trupe foram recebidos de modo grosseiro pelo povo, que os identificava como "maconheiros e veados". De qualquer forma, a classe artística comemorou, pois a nossa cultura tosca dos grotões precisava respirar ar novo e oxigenado.

Com a participação sem constrangimento de estudantes da Escola de Arte Dramática e sem apoio institucional, a trupe foi para as ruas, inserindo em uma só peça experimental temas como: o que o povo quer; amor e morte; Estado e propriedade; o contrato social e a liberdade; o encontro.

Ouvimos alguns relatos relacionados a esses acontecimentos, mas deles não participamos. Tudo acontecia na "proximidade" de nosso congresso, permitindo certa confusão: afinal, o *Living Theatre* estava integrado ao evento do Masp? Participaria do congresso? Não. Por motivos que não conseguimos apurar, o *Living Theatre* não participou do congresso, embora o desejasse. Porém, individualmente, cada um de seus membros passou por lá, ou compareceram em pequenos grupos. Mas sem voz ativa. Uma pena e uma perda. Coisas do Brasil daquele tempo!

Vale, porém, salientar: a chegada dessa trupe ao Brasil e a sua posterior prisão repercutiram internacionalmente, possibilitando que o mundo conhecesse o que se passava aqui.

A prisão de Julian Beck e sua mulher Judith Malina, cabeças da trupe, e de mais de uma dezena de artistas de Nova York aconteceu em Minas Gerais, um dos estados mais conservadores do Brasil, a pedido do bispado católico. O motivo aventado foi que eles "punham em risco" a formação moral e religiosa de nosso povo, promovendo a desestabilização do governo militar.

Dos Estados Unidos chegaram inúmeros abaixo-assinados de protesto, contestando o gesto totalitário da ditadura brasileira. Professores da Columbia University, o escritor Tennessee Williams, a líder feminista Betty Friedan, Yoko Ono, John Lennon, Bob Dylan, os festejados escritores italianos Umberto Eco e Alberto Moravia, o cineasta Pier Paolo Pasolini, Marlon Brando, Jane Fonda e outros tantos fizeram parte desse movimento de repúdio.

No Brasil, a atriz e diretora de teatro Ruth Escobar acompanhou diuturnamente os presos, em um gesto nobre de solidariedade moral e política, para não permitir que fossem torturados, dando ao líder do grupo, Julian Beck, a oportunidade de fazer a seguinte declaração à imprensa estrangeira: "Estamos sendo tratados como prisioneiros políticos clássicos".

Diante do clamor mundial, o governo do general Médici, numa atitude estranha, expulsou o grupo do país sem abrir um processo legal e sem permitir uma defesa adequada. Na época, o ministro da Justiça fez a seguinte declaração: "Eles eram alienígenas [sic] ameaçando a ordem nacional".

Em 1990, o *Living Theatre* voltou ao Brasil para participar de um festival de teatro em Campinas (SP). Por ironia do destino, coube ao então presidente Collor assinar um decreto revogando a expulsão de 1971.

Mais de cem pessoas assistiram à representação, mas os psicodramatistas não reconheceram essa presença.

Talvez hoje, distanciados das emoções mais instintivas, possamos olhar tudo apenas com a perplexidade serena dos historiadores.

Compartilhando comentários sobre o congresso

Vamos, agora, entrar em contato com alguns dos depoimentos obtidos em entrevistas, vídeos e livros relacionados ao Congresso do Masp.

A psicodramatista Annita Malufe (2009) nos disse em entrevista que, naquela época, Bermúdez, em sua prática profissional, havia promovido "a cara" latino-americana do movimento psicodramático, e que o Congresso de 1970 pôde expressar a face genuinamente brasileira do psicodrama.

Íris Azevedo (entrevista, 2008) contou-nos que a imprensa divulgou amplamente o congresso; ela mesma concedeu, na época, muitas entrevistas para o jornal *O Estado de S. Paulo* e para várias revistas, que publicaram notícias e fotos do congresso. Íris nos mostrou um recorte de jornal que trazia um artigo com um instigante título: "Do divã ao teatro".

Cesarino (1999), um dos psicodramatistas diplomados no congresso, fez o seguinte relato:

> Estiveram presentes quase todas as figuras de porte internacional do psicodrama na época. Em virtude de questões da política de poder dentro do movimento internacional do psicodrama, que não vamos detalhar aqui, Moreno, presidente do congresso, e sua mulher, Zerka, não compareceram. Além disso, figuras como Georges Lapassade, do então incipiente movimento de Análise Institucional, além do *Living Theatre*, de vanguarda teatral da época, compareceram espontaneamente. Lapassade se propôs a fazer, à revelia da direção do congresso, sua análise institucional, assim como o *Living Theatre* queria apresentar seus espetáculos. Tudo isso também foi proibido pela repressão. De contrapeso, tivemos de admitir como congressistas numerosos oficiais do serviço de inteligência do II Exército, também "muito interessados em psicodrama". Gratuitamente, claro.
> O Congresso se transformou num grande *happening*. Para a época, foi algo genuinamente revolucionário. Recebeu grande espaço na imprensa, suscitou muitas críticas e reações negativas, sobretudo dos representantes das instituições contrariadas.

Luiz Henrique Alves (1988) sintetiza com propriedade o que ocorreu naqueles dias de congresso:

> 1970 foi o ápice de uma época de proibições. [...] O arbítrio da ditadura calava as manifestações culturais, artísticas, sindicais – o império do silêncio, a proibição do encontro entre as pessoas. [...] Afinal, se a ditadura decretava o isolamento, aí se organizava o encontro; se o poder impedia manifestações, a nova proposta, insurgente, as reconhecia e estimulava; ao poder que impunha o fracionamento e a conspiração, o movimento psicodramático propunha a comunhão de indivíduos e o encontro-confronto direto entre os homens. Assim, o contexto social torna-se o texto grupal; as contradições da sociedade silenciada ganham luz no congresso e ele próprio se constitui em grito de liberdade e democracia social.

E Cesarino (1999) complementa:

> O Congresso foi um divisor de águas. Com ele se inaugurou no Brasil o enfrentamento ao então hegemônico domínio da psicanálise no contexto das psicoterapias, abrindo o caminho para as numerosas formas de psicoterapias "alternativas" que se desenvolveram a partir daí. A palavra "alternativa" é significativa, pois quando se fala de alternativo está se significando algo diferente, dissonante em relação ao tradicional.
>
> Em análise institucional, quando se fala em *instituinte* estamos querendo falar em algo novo, que vem surgindo, criando algo mobilizado por forças produtivas e revolucionárias que tende a substituir ou modificar o velho, o já *instituído*.
>
> Pois bem, o movimento psicodramático foi um forte processo instituinte, criador, que com toda a pujança desejante de uma geração jovem veio modificar e até inverter não só o fluxo de demanda de atendimentos psicoterápicos como trazer uma nova dimensão do pensamento psi, quebrando o *setting* "sagrado" da terapia entre quatro paredes. Deixou de lidar apenas com a falta, a carência, no domínio do privado, para arejar essa atividade, trazê-la de volta para o público, para a alegria, para o contato verdadeiro, sem reticências, acreditando no positivo, na força criadora dos homens e das mulheres.
>
> Trouxe o que se chama de implicação, isto é, um compromisso pessoal do terapeuta com seu cliente, e a transversalidade, isto é, uma interpenetração, uma aceitação de uma síntese de elementos que eram vistos como incompatíveis: proximidade humana entre terapeuta e clientela, sem medo de "contaminação" do vínculo.
>
> A terapia deixou de ser obrigatoriamente sisuda e estruturalmente repressiva para ser um trabalho de comunhão e parceria. Privilegiava o trabalho em grupo e começava a se voltar também à alternativa moreniana do trabalho "extramuros".

Fonseca (1996) também fornece o seu testemunho sobre o congresso e, inclusive, sobre o sociólogo francês Lapassade:

> O que mais me lembro é daquele buchicho, daquela energia, de tudo que se falava em termos da política do psicodrama e da política em si. [...] Falava-se muito disso e da não vinda do Moreno, que havia sido convidado. Todo mundo esperava que ele pudesse vir e não veio. Falava-se do Georges Lapassade, sociólogo francês que estava no congresso e fazia minicomícios contra o congresso e a ditadura do país. Ele, nos primeiros dias, começou desorganizando algumas atividades. Eu lembro porque eu era da Comissão Científica dirigida pelo Cesarino e fui com ele conversar com o Lapassade. Ele [Cesarino] explicou que era um congresso e que nós não éramos a favor da ditadura militar; pelo contrário, éramos contra, assim como os organizadores. E ele estava bagunçando o congresso. Mas ele tinha uma postura anarquista. Nós explicamos que tinha polícia e que o congresso podia ser fechado. E ele disse: "Seria ótimo, o que eu quero mesmo é que feche o congresso; eu quero que a polícia venha aqui e feche o congresso, porque

assim será noticiado no mundo e eu estou aqui para causar o caos". Ele fez um discurso político, era um caos organizatório: "E vocês não vão querer me proibir". E nós dizíamos: "Nós não estamos proibindo, estamos pedindo". E ele dizia: "Mas, até o final, eu vou tentar fazer bagunça e tentar fechar o congresso". Parece-me que ele foi muito hábil. No começo ele causou certo rebuliço, mas depois, nos seus próprios discursos, ele acabou se perdendo, mesmo porque o pessoal não entendia muito bem o francês e ele acabou trabalhando no vazio. Nem sabíamos que era um homem tão importante, só depois soubemos que Georges Lapassade era um sociólogo famosíssimo na França, com livros escritos e tudo mais. Eu me lembro mais dessas coisas e de muita gente nova. Eu era muito jovem e havia mulheres belíssimas, atrizes... Foi um encanto aquele congresso. Ele preenchia todas as satisfações científicas, estéticas, culturais, políticas... Foi uma semana de loucura, no bom sentido. [...] Houve realmente uma grande mudança no panorama da psicoterapia paulista e brasileira, como o que aconteceu no Hospital do Servidor e no Hospital das Clínicas. Eram as duas pontas da psiquiatria de São Paulo e, se nós levarmos em conta a psicologia, as modificações aconteceram na Faculdade de Psicologia no Sedes, na PUC e mesmo na USP. Os professores que se agregaram ao movimento passaram a dar aulas com a técnica psicodramática. Houve uma transformação muito grande.

Vejamos mais algumas cenas agora narradas por Soeiro (depoimento 1, 2010), presidente do Congresso do Masp:

A primeira vez que ouvi falar de Lapassade foi por intermédio de Rojas-Bermúdez, trinta ou quarenta dias antes do início do V Congresso Internacional de Psicodrama. Nessa ocasião, Bermúdez estava preocupado com a informação de que o sociólogo Lapassade havia sido convidado por Moreno a ir ao Congresso Internacional de Psicodrama no Masp. Ele era um anarquista muito conhecido na Europa por sua atuação agitadora perante as massas. Confirmando essa informação, no dia em que se iniciaram as inscrições para o Congresso de 1970, Lapassade procurou-me e mostrou-me a carta-convite, em papel timbrado do World Center for Psychodrama, assinada por Moreno.
Bermúdez conhecia a situação política do Brasil daquela ocasião e estava muito preocupado com a possibilidade de grupos ideológicos quererem se aproveitar daquele momento para fazerem proselitismo das suas ideias. Para evitar que isso acontecesse, ele revelou ao grupo dos seis, que era o responsável pela direção dos trabalhos no congresso, sua estratégia de centrar todas as atividades em cenas psicodramáticas para evitar excesso de explanações verbais que pudessem facilmente descambar para discursos ideológicos. Como exemplo, nas apresentações dos trabalhos realizados pelas comunidades terapêuticas, o expositor deveria criar uma dramatização em que os personagens, representados por pessoas inscritas no congresso, dramatizariam situações comuns de conflito que ocorriam com frequência nas comunidades terapêuticas. Após

o término da dramatização, o expositor faria os seus comentários e a palavra seria dada ao público, que poderia mostrar suas opiniões, mas sempre dentro do marco referencial fornecido pela dramatização, para não virar palanque político.

Apesar desses cuidados, no dia 20 de agosto de 1970 à noite, o grupo dos seis estava reunido com o Bermúdez para avaliar o andamento dos trabalhos e os possíveis problemas que pudessem estar ocorrendo. Enquanto isso, próximo dali, no grande anfiteatro, Pierre Bour dirigia o teatro permanente. Durante essa apresentação, Lapassade mobilizou o grupo para que passasse a noite em vigília no Masp em sinal de protesto contra o regime militar ditatorial vigente no país. Depois que acabou a reunião dos seis com Bermúdez, o quadro que se apresentava fora da sala era: um grupo protestando contra a ditadura, alguns policiais à paisana e funcionários do Masp querendo fechar o recinto às 22h. Eram aproximadamente 21h40 e, nesse momento, Lapassade juntamente com outros membros do grupo viram-me a distância e, na qualidade de presidente do congresso, chamaram-me para ir até eles. Nessa ocasião, eu estava meio assustado e atordoado, perguntando o que fazer ao Bermúdez e aos outros membros da diretoria do congresso; ninguém sabia o que fazer e só me recordo do Bermúdez reafirmando que os funcionários do Masp estavam querendo fechar o museu. Nesse momento, tomei a decisão de ir em direção ao grupo com a intenção de convencê-los a deixar o recinto, porque os funcionários estavam querendo fechar as instalações em que se realizava o conclave e também porque a direção do congresso não queria que o psicodrama ficasse sendo usado como palco de manifestações políticas. Ele inicialmente foi muito vaiado, mas continuou numa posição firme e enfrentou diretamente o senhor Lapassade, dizendo-lhe que conhecia a sua atuação na Europa; pediu que evacuassem a sala para não causar problemas ao movimento psicodramático brasileiro; também se dirigiu ao senhor Pierre Bour, perguntando por que havia deixado que a situação saísse do enquadramento técnico-científico e virasse uma manifestação política. Após algumas poucas vaias, dez minutos depois de retirar-me do recinto, a sala foi esvaziada. No dia seguinte, de manhã, uma participante do congresso, que conhecia de vista, chegou perto de mim e me deu um tapa no rosto. Isso foi muito desagradável, mas fez parte dos "ossos do ofício"; porém, o pior foi perceber que o movimento de psicodrama de São Paulo, antes tão pujante, unido e vigoroso, começava a revelar graves fissuras em sua estrutura de comando. O acontecimento relatado era apenas a ponta do iceberg das insatisfações e dos jogos de interesse que estavam represados já há muito tempo. Começaram a se formar subgrupos, e as pessoas que antes relacionavam-se de forma espontânea e alegre passaram a criar distância entre si e entre elas e os dirigentes do movimento psicodramático. Naquele momento, tive consciência de que acabara o período da lua de mel entre os alunos do curso de psicodrama, professores e a direção do GEPSP, todos sob a liderança competente e carismática de Rojas-Bermúdez.

Em depoimento a Júlia Motta (2008), Cesarino relembra a experiência do congresso com sabedoria e encanto:

No nosso congresso a menor surpresa era a quantidade de pessoas: nenhuma sala foi suficiente para a demanda crescente de quase tudo que foi programado. Mas as pessoas se arranjavam alegremente e participavam de tudo com muito interesse.

[...] A movimentação no congresso, os encontros, reencontros, namoros, discussões, descobertas, protestos, para tudo havia lugar nos intervalos e mesmo em muitas sessões abertas. O mesmo clima mágico que surgira durante as semanas em que os grupos de formação se encontravam se criou nos dias do congresso. Havia no ar uma expectativa não falada, uma alegria constante, um quê de surpresa e admiração. Afetividade se trocava nos encontros e uma vibração constante fazia que os ecos do congresso se espalhassem por certa região da cidade. Surpreendentemente era muito difícil que alguém se sentisse ansioso antes de fazer alguma apresentação. Tudo era também lúdico, sem deixar de ser responsável e consequente. A falta de sisudez fez que parte da imprensa e alguns setores psi classificassem o que se passava de não sério, de *happening*. E *happening* era mesmo, no seu melhor sentido: surpreendente, inovador, criativo, vivaz e alegre, sem vergonha do público.

[...] Enfim, é muito rica a lembrança desses dias tumultuados e plenos; há muito aprendizado daí decorrente. Um dos mais importantes sem dúvida é de que é possível, mesmo em situações adversas, criar um espaço de liberdade e contestação, e que esse espaço pode ser também de comunhão, afeto e alegria.

Em entrevista à Febrap, Fonseca (1993) resgata um significativo episódio e amplia nossa compreensão:

Anos atrás comprei uma revista de arte editada pelo Ministério da Educação e Cultura e deparei com um artigo fazendo referência ao V Congresso Internacional de Psicodrama, de 1970, no Masp, São Paulo. Comentava que o congresso contribuiu para a abertura do movimento artístico brasileiro, especialmente [quanto à] dança e [ao] teatro. Não devemos esquecer que o *Living Theatre* (importante grupo americano de teatro de vanguarda) participou do congresso. O texto relatava ainda que participaram do congresso destacados atores, diretores teatrais e bailarinos brasileiros. Terminava dizendo que o congresso transcendeu a psicologia e a psiquiatria e se constituiu em um marco cultural. Quanto ao aspecto do questionamento da estrutura de poder, o psicodrama significou em termos de movimento psicoterápico, de forma concreta, e em termos da situação política do país, de maneira simbólica, a revolução e a democratização que todos almejávamos.

Em entrevista a nós concedida, a psicodramatista Herialde Silva (2009) disse uma frase muito interessante: "Esse congresso foi um sopro de liberdade diante das grades da ditadura".

Íris de Azevedo (Lima, vídeo 3, 1994) também compartilha suas experiências:

> O congresso promoveu uma repercussão imensa na cidade de São Paulo, com muitas críticas positivas e negativas também. Poucos congressos científicos se expunham do jeito que nós nos expusemos. Chamávamo-nos, às vezes, de temerários, mas concluíram, depois, que nós éramos corajosos por difundir o psicodrama.
> [...] Eu acho que a nossa pretensão foi longe. Nós éramos jovens, ousados e pretensiosos, mas até os que vieram do exterior, como a própria francesa Anne Ancelin, perceberam que nós estávamos falando de uma nova linguagem de psicodrama, uma linguagem brasileira, em que não havia grandes nomes que fossem carismáticos, mas uma linguagem de grupos associados que se coordenavam e trabalhavam juntos, e que ousaram formar uma nova profissão: a de psicodramatista.
> [...] Creio que o congresso foi tão concorrido porque todas as pessoas estavam necessitando dessas ideias de liberdade, que não mais podiam ser praticadas de outra forma, nem pelos centros acadêmicos que não mais existiam, nem pela imprensa.

No Congresso Brasileiro de Psicodrama ocorrido em 1998, em Campos do Jordão (SP), durante a conferência magna "Atualizando a cena" (MED, vídeo 5, 1998), em cuja mesa estavam presentes Zerka Moreno, Pierre Weil, Maria Alicia Romaña, Dalmiro Bustos, Antonio Cesarino e Íris de Azevedo, o psicodramatista Wilson Castello de Almeida, presidente da mesa, leu um discurso escrito por Íris, lembrando o significado do Congresso de 1970. Ela nos autorizou a reproduzi-lo aqui:

> Neste nosso encontro em Campos do Jordão, quero apenas lhes dizer algumas palavras. A primeira é de agradecimento pela homenagem e pelo reconhecimento do trabalho dos pioneiros em psicodrama no Brasil.
> Em particular, quero lembrar a realização do Congresso Internacional de Psicodrama realizado em São Paulo, nos anos 1970, na avenida Paulista, no Masp, recém-inaugurado naquela época, com extrações específicas para o evento, projetadas pela mesma renomada arquiteta do edifício, Lina Bo Bardi. Tudo isso há 28 anos. Congresso esse que alcançou três mil inscrições, e isso pareceu ter sido em função das circunstâncias da época: da repressão e do autoritarismo em que vivíamos. Portanto, aquele congresso era a nossa luta pela democracia.
> Assim, é importante salientar que o psicodrama nasceu e se expandiu, entre nós, como expressão de liberdade.
> Nossa última palavra, para os psicodramatistas de hoje e de amanhã, é a de que levem adiante esta bandeira: o psicodrama como expressão da espontaneidade, que é a liberdade para todos.

A psicóloga e psicodramatista Regina Monteiro (depoimento, 2010), na época aluna do GEPSP e integrante da comissão organizadora, deu o seguinte testemunho:

Pois é... Nos idos anos de 1970... Aqui estou eu agora, remexendo gavetas...
Muito jovem, terminando a formação em psicodrama com Rojas-Bermúdez, caio de corpo e alma no V Congresso Internacional de Psicodrama, no Masp!
Na época, trabalhava como ego-auxiliar com alguns colegas em São Paulo e fui convidada a participar de comissões organizadoras, bem como a ser ego oficial das atividades que ocorreriam.
Vale aqui dizer que minha história como universitária e aluna da querida e saudosa Madre Cristina foi permeada, a partir de 1963, com participação ativa no Centro Acadêmico da Faculdade de Filosofia, Ciências e Letras Sedes Sapientiae, da Pontifícia Universidade Católica de São Paulo, onde fiz especialização em psicologia clínica. Dessa forma, minha veia revolucionária, que nessa época estava adormecida em função do momento político que atravessava nosso país, acordou prontamente!
Sentia-me muito feliz em poder participar de um congresso que, com propostas inovadoras, rompia com as conservas acadêmicas que dominavam então o meio psicoterápico.
Lembro-me da multidão de pessoas, que se aglomeravam nas salas para participar das chamadas "discussões dramatizadas", ateliês, trabalhos que envolviam dança e música...
Tudo muito novo e atraente, transcorria num ambiente alegre e afetivo, porém intercalado por momentos de tensão e medo, já que entre os congressistas havia agentes do extinto Dops que lá estavam para observar o que acontecia...
Creio ter sido um marco na minha vida ter tido a oportunidade de participar desse congresso. Ficou em mim, a partir daí, uma semente que até hoje cultivo com carinho e que, tenho certeza, determinou o caminho que sigo no meu percurso profissional. Um forte exemplo ocorre quando, em 1984, com o movimento das "Diretas Já!", realizo com alguns colegas – Ronaldo Pamplona, Carlos Borba, Vania Crelier e Irene Estefania –, na praça da Sé, o "Psicodrama das Diretas Já!" Algum tempo depois, criei o grupo "Extramuros", que realizou inúmeros trabalhos em praças e ruas de São Paulo. Todas essas atividades foram fruto das vivências que tive em 1970, no Masp.
Hoje faço parte do grupo de coordenação dos trabalhos que se realizam no Centro Cultural São Paulo, há seis anos, todos os sábados, abertos à comunidade, na forma de psicodramas públicos.
Optei aqui por lhes contar mais as repercussões que ocorreram em minha vida profissional a partir daqueles dias do que relatar fatos ocorridos.
A publicação deste livro significa para mim a grande oportunidade de ter o registro do que aconteceu, o que até hoje não havia sido feito e agora se realiza pelas jovens mãos de uma geração de psicodramatistas que, embora não estando presente ao grande evento de 1970, resgata sua história e nos oferece este maravilhoso presente.

Annita Malufe (depoimento, 2010), psicóloga da primeira turma de psicologia da PUC de São Paulo, também relembra sua participação no congresso:

> Em 1970, eu era aluna do segundo ano do Grupo de Estudos de Psicodrama de São Paulo; portanto, estas são as memórias de uma "novata" no psicodrama.
>
> As preparações para o congresso em agosto se iniciaram no começo do ano, e eu fui convidada por alguns diretores, que eram meus professores, a fazer parte das equipes de egos-auxiliares que montariam as cenas que seriam apresentadas nas discussões dramatizadas. Essa atividade consistia em montar cenas que ilustrassem algumas questões ou temas que seriam discutidos após a apresentação. Era uma mesa-redonda com dramatização, o que tornaria as discussões mais dinâmicas, criativas e vividas. Nessas discussões, as cenas inicialmente propostas podiam ser dirigidas pelos debatedores enquanto nós atores (egos-auxiliares) executávamos as ações propostas. Foi muito surpreendente, para mim, ser dirigida pela Anne Ancelin, por exemplo.
>
> Os ensaios eram, para mim, muito ricos, pois as cenas eram discutidas e definidas com base em questões teóricas ou práticas pertinentes. Nesses encontros, eu podia perceber o alcance do psicodrama para o desenvolvimento da psicologia no Brasil, assim como a colocação de outra visão de mundo importante para nós, naquele momento histórico que estávamos vivendo. Depois de meses de encontros e preparações, lá fomos nós para o congresso no Masp. Era agosto de 1970, uma época sombria e complicada que contrastava com o clima que viveríamos nos próximos dias em plena avenida Paulista, no lindo prédio do Museu de Arte de São Paulo, ao lado de três mil participantes. Uma enorme arena, com arquibancadas, ocupava todo o vão central do museu. Todos podiam se acomodar e participar das atividades que seriam desenvolvidas ali: psicodramas públicos, sociodramas, assembleias. Era o local dos encontros, das trocas, do compartilhar, da liberdade e da união. No andar de cima, ficavam as salas menores, onde eram realizadas as discussões dramatizadas, sempre concorridas, que traziam contribuições importantes de outros psicodramatistas (brasileiros e estrangeiros).
>
> Encontrar três mil pessoas, entre elas figuras importantes e significativas do psicodrama e do teatro internacionais – Uzeda, Anne Ancelin, Pierre Bour, Bermúdez, Soeiro, D'Alessandro, Cesarino, Íris, Reo, Laercio, Julian Beck e Judith Malina do *Living Theatre* de Nova York (importante grupo de teatro) –, foi para mim uma experiência inesquecível e decisiva. Eu estava participando de um momento importante de nossa história política, social e intelectual. E, com certeza, determinante para minha vida profissional. O que me faz parafrasear o ator Paulo Autran: "Eu fui, sou e sempre serei uma psicodramatista".

A psicóloga e psicodramatista Laís Machado Granato (depoimento, 2010), na ocasião do congresso aluna do GEPSP e integrante da comissão organizadora, assim expressa seu ponto de vista:

Fiquei satisfeita em receber a convocação para participar desta série de depoimentos que antigos colegas, e até hoje amigos, deram sobre esse acontecimento que foi o Congresso de 1970 no Masp. Foi uma ousadia muito bem-sucedida; soubemos capturar o interesse não só dos profissionais de saúde mental mais antenados, como de artistas de teatro, dança, filósofos, sociólogos (e Polícia Federal)... Essa mistura nunca mais existiu daquela maneira e num espaço cultural especial da cidade como o Masp, que se transformou em palco para nós, o Grupo de Estudos de Psicodrama de São Paulo e seus convidados. Deram-nos um presente, mas soubemos retribuir com um clima novo, criativo, de grande comprometimento pessoal no trato da saúde mental! Aí estava a novidade: um grande encontro coletivo, buscando e demonstrando criatividade, espontaneidade, novas formas de participação grupal, com a liderança dos profissionais de saúde, no melhor palco do momento na cidade!

Acho que dei o clima. Não tratei de problemas no *backstage*, como fizeram os colegas da comissão de organização, mas enfrentei algumas saias justas no palco propriamente dito: coordenei uma mesa-redonda de estrelas, mas como estava, talvez, viajando mais que elas, harmonizei tudo muito bem e aceitei o convite de ser ego-auxiliar de psicodança, dirigida pelo nosso professor Bermúdez. Deveria começar o aquecimento, com mais duas colegas, como que nascendo, dançando no centro do palco do auditório. Não foi fácil. Mas, desde aquela ocasião, procurei ótimos professores de dança, e hoje meu filho Diogo Granato é um bailarino improvisador sensacional!

Obrigada por me fazer lembrar esse momento e escrever sobre algo que foi inesquecível.

O psicodramatista Moysés Aguiar (depoimento, 2010), membro do GEPSP e da comissão organizadora do congresso – hoje, um expoente do teatro espontâneo –, foi mais um a compartilhar conosco sua visão sobre aquela época:

Eu vivia, naquele congresso, a mesma sensação que observo nos jovens psicodramatistas de hoje, principalmente os alunos dos cursos de formação. Um quê de curiosidade, de perplexidade, de paixão, a criança descobrindo o mundo, encantada, porém atordoada.

Atordoado; era assim que eu me sentia. Tudo era muito novo, grandioso, desafiador. Fiquei encantado com a agitação de Lapassade. Com a maestria de Pierre Bour. Com o carisma ao mesmo tempo afetivo e arrogante de Rojas-Bermúdez, cujo domínio do público, sensibilidade e criatividade constituíam uma habilidade que atestava a potência do psicodrama, mas também me faziam sentir pequenininho; quando é que eu poderia chegar a esse ponto de dirigir macrogrupos?

Nos bastidores, as informações imprecisas, sussurradas ao pé do ouvido, incompletas, tendenciosas, por vezes com certo sadismo, um prazer de envenenar, de indispor. O grande ausente, Moreno, teria enviado uma mensagem desautorizando Bermúdez. Eu não entendia o porquê, imaginava tensões de uma política menor, embora se aventassem questões éticas, nada claro, comentários aparentemente subinformados. Subliminarmente, um desafio a tomar partido. Neutralidade seria sinal de incompetência. Naquele momento, eu me senti incompetente, não exatamente neutro, mas incapaz de discernir.

Por outro lado, o entusiasmo pelas coisas que aconteciam, das quais eu participava ora mais, ora menos ativamente. As discussões dramatizadas eram uma ferramenta muito curiosa. Havia uma encenação meio espontânea, meio ensaiada, de uma situação-problema, permitindo uma demonstração de como poderia ser trabalhada no psicodrama, tanto do ponto de vista da direção quanto da atuação dos egos-auxiliares. Agora me dou conta de que, na história precoce do "teatro-debate", o formato de teatro espontâneo, que tenho desenvolvido nos últimos anos, remonta a essa experiência, não para repeti-la, porque optei por não trabalhar com simulações, mas para explorar o potencial da cena como expressão e elaboração do encontro entre valores e dinâmica social.

Um pequeno incidente, significativo. Encontrei na porta do Masp o Paulo Sawaya, que tinha sido presidente do Diretório Central dos Estudantes da Universidade de São Paulo, cargo que ensejou sua prisão pela ditadura militar. Acontece que nos conchavos para essa eleição, numa determinada etapa do processo, eu era o candidato apontado por uma das correntes do movimento estudantil. Minha candidatura foi sacrificada numa negociação em busca da unidade, que culminou na eleição do Sawaya. Estava comentando com ele esse fato, ressaltando que, com isso, eu havia me livrado de ser preso, quando Gaiarsa, que presenciava o encontro, alertou: "Tudo bem, mas fala baixo que as paredes têm ouvidos!"

Esse clima do congresso, mesclando no caos a política interna do psicodrama com a política externa da luta pela democracia, fazia do evento algo muito especial. Contagiantemente especial. Hoje eu avalio: que impressionante a sensibilidade dos nossos líderes para promover um evento dessa grandiosidade, num momento tão apropriado, um protagonismo social que atraiu forças importantes do cenário nacional e internacional (tanto pela presença quanto pela ausência!) e que valeu como um grito de liberdade, cuja ocorrência, alcance e intensidade ninguém conseguiria prever. Apesar de Moreno não ter estado aqui, tenho certeza de que, se estivesse, ficaria empolgado com os desdobramentos de suas propostas. E os idealizadores e executores do Congresso do Masp deveriam ser laureados com o "J. L. Moreno Award", o "Oscar" do psicodrama mundial.

Aluno do GEPSP e ego-auxiliar oficial do Congresso de 1970, o psiquiatra e psicodramatista Içami Tiba (depoimento, 2010) também ofereceu um generoso relato de sua vivência:

Minha vida profissional e a de psicodramatista se uniram, num relacionamento que dura até hoje, em 1970, no V Congresso Internacional de Psicodrama e I Congresso de Comunidade Terapêutica, realizado no Masp.

Está tudo baseado no que eu me lembro, e vale a pena dizer que, em 1969, comecei o primeiro ano de residência na psiquiatria do Hospital das Clínicas, onde estavam como assistentes Antonio Carlos Eva, Jorge Amaro, Aníbal Mezher, Antonio Carlos Cesarino, José de Souza Fonseca Filho. Desculpem-me aqueles de quem não consigo me lembrar. Como já os conhecia, porque eu já frequentava a psiquiatria antes de fazer a residência, procurei-os para fazer psicodrama.

Nessa ocasião, o curso do Grupo de Estudos de Psicodrama de São Paulo (de 1968 a 1970) era dado por Rojas-Bermúdez e seus assistentes argentinos. Nós fazíamos terapia com eles, não me lembro quantas horas, para depois passarmos a fazer com os psicodramatistas brasileiros. Mas, para iniciar o psicodrama, o aluno tinha de apresentar dois atestados médicos fornecidos por dois psiquiatras que já praticassem o psicodrama. Fui então avaliado psicologicamente por Alfredo Correia Soeiro e Antonio Carlos Cesarino. Ambos eram da primeira turma de psicodrama do curso dado por Bermúdez.

Meu terapeuta era o argentino Gastón Mazieres, que tinha dois egos-auxiliares, dos quais pouco me lembro. Ele tinha na sua sala um tablado redondo, num nível mais elevado, e sobre o qual havia duas cadeiras, cujos assentos tinham seus cantos encostados e que se afastavam na direção do diretor, que ficava atrás delas. As cadeiras representavam as cortinas que permaneciam fechadas na etapa do aquecimento; eram tiradas do tablado na dramatização e voltavam à posição anterior na etapa dos comentários. Os egos-auxiliares eram aprendizes de diretor ou egos profissionais. Geralmente, os psiquiatras, homens e mulheres, eram diretores, e os psicólogos, egos-auxiliares, na sua maioria mulheres. O Haroldo Pereira, na época, era o único ego-auxiliar profissional masculino que eu conhecia.

Em 1970, passei para a terapia didática já com os brasileiros, com algumas complementações com argentinos. Do meu grupo NN, o diretor foi Soeiro, sendo seus egos-auxiliares as psicólogas Vera Konigsberger e Regina Monteiro (Reo).

Três grandes movimentos históricos aconteceram: o momento político brasileiro; o surgimento do psicodrama brasileiro com grande visibilidade pública; e, ao mesmo tempo, quase nos corredores, a divisão do psicodrama no Brasil.

Em plena repressão política, quando não se podia ter livro com capa vermelha – que seria levado e seus donos classificados como suspeitos –, a Casa do Estudante (Pobre) de Medicina, onde morei por cinco anos, teve alguns dos seus quartos invadidos para "revista ideológica", e nos grupos de terapia de psicodrama poderia haver, entre os participantes, agentes secretos da polícia. Ouvi rumores, que nunca confirmei pessoalmente, de que o Pedro Paulo Uzeda Moreira tinha sido interrogado ou preso... O Congresso no Masp foi, talvez, o primeiro congresso aberto ao público do Brasil, com a participação intensa de jornalistas e outros alheios ao psicodrama. Com certeza, havia muito mais leigos que psicodramatistas, apesar de as atividades serem todas baseadas em psicodrama e comunidade terapêutica (o que passou quase despercebido pela maioria dos participantes).

A rainha absoluta dos psicoterapeutas atuantes no Brasil, até surgir o movimento do psicodrama brasileiro, era a psicanálise. O psicodrama surgia como uma revolução ideológica no campo da existência e da terapia. Havia, e ainda há, alguns resquícios da grande rivalidade entre os praticantes da psicanálise e do psicodrama. Surgiram terapeutas usando sandálias, roupas coloridas, bolsa a tiracolo, cabelos compridos, linguajar/vestes/barbas livres, contrastando com ternos escuros, gravatas sóbrias, carteiras de bolso, cabelos bem aparados, formais praticamente em tudo, até dentro de casa. As reuniões, os jantares, os encontros em locais públicos para psicodramatistas eram sempre muito festivos, e participações voluntárias, e convidados "sei lá de quem", todos se divertiam... Uma piadinha bastante comum entre os psicodramatistas: "Quando um psicanalista encontra outro, diz: 'Bom-dia'. E o outro lhe responde: 'Bom-dia'. Mas, fica pensando no que ele quis dizer com o que falou..." Um comentário que sabíamos que os psicanalistas faziam a respeito dos psicodramatistas era que estes "não deveriam ser nada sérios". A rivalidade maior era quanto ao mercado de pacientes, pois vieram para o psicodrama pessoas que tinham mais atendimentos em seu consultório: meu mestre e amigo Paulo Gaudêncio atendia de trinta a quarenta grupos de terapia psicodramática com até quinze participantes. Eu fui seu ego-auxiliar em alguns dos seus inúmeros grupos por um ano. Assim também eram Bachir, Gaiarsa, Di Loreto e tantos outros, cada um com a sua equipe.

O psicodrama brasileiro nasceu oficialmente no Masp durante o V Congresso Internacional de Psicodrama, conforme as minhas considerações, porque ali foram formados os seis primeiros psicodramatistas brasileiros, com uma cerimônia oficial: Alfredo Correia Soeiro, José Manoel D'Alessandro, Pedro Paulo Uzeda Moreira, Antonio Carlos Cesarino, Laercio de Almeida Lopes e Íris Soares de Azevedo, recebendo diplomas, o que não vi, do professor Jaime Rojas-Bermúdez. Houve muitas controvérsias sobre esse mesmo fato quanto ao mérito, dinheiro envolvido, herança de pacientes etc., mas eu era "muito criança" para entender coisas de competentes adultos. O criador do psicodrama, Jacob Levy Moreno, viria ao Brasil, mas não veio. O que ficou na minha memória é que se dizia: "Moreno morreu e viva Bermúdez!", querendo dizer que a partir de então quem passaria a ser "o maioral" no psicodrama seria Bermúdez. Soube depois que Dalmiro Bustos, após conversar com Moreno, em Beacon, sobre o Brasil, voltou ao Masp com a seguinte notícia: "Moreno está vivo e muito bravo com o que está acontecendo no Brasil". Não soube mais o que aconteceu com o relacionamento entre Moreno e Bermúdez, e se o seu psicodrama fora aceito pelo grande mestre Moreno. Bustos continuou o seu relacionamento com Moreno até a morte deste. Eu conheci o psicodrama de Bustos somente cinco anos depois do Masp.

O meu relacionamento com o psicodrama começou pelos psicodramatistas Cesarino, Aníbal, Eva e Amaro, no Hospital das Clínicas, porque eu gostei do modo de ser deles. Do Jorge Amaro, fui ego-auxiliar em um dos seus grupos no seu consultório particular. Tanto que já na residência procurei estagiar no Hospital Dia, onde eles trabalhavam, para me aproximar deles, já que os via como meus ídolos. Ainda não conhecia o Fonseca. Da teoria psicodramática, eu gostei da espontaneidade, criatividade, de uma obra nunca estar totalmente pronta, ou seja, temos sempre de estudar, atualizar e, a cada resposta, procurar mais perguntas. O psicodrama era evolução. Para mim, a psicanálise, na época, era conservação. Mas o que mais me interessou desde o começo foi a sociatria, a psiquiatria do social e o relacionamento participativo, integral. Ainda no primeiro ano do curso de psicodrama na rua Honduras, receber o convite para ser ego-auxiliar oficial do V Congresso Internacional de Psicodrama me foi muito honroso, e fui escolhido para ser o ego-auxiliar da mesa composta dos maiores diretores do mundo, o que me encheu de alegria e orgulho. Era um calouro tratado como veterano. Dessa mesa participaram Paulo Gaudêncio, do Brasil, professor Sacks, dos Estados Unidos, e outros tantos europeus e argentinos de que nem me lembro. Lembro-me de uma cena em que eu representei o sol nascendo, com os outros egos despertando para começar o dia. Aquela sensação ainda a tenho dentro de mim.

O psiquiatra e psicodramatista Aníbal Mezher (depoimento, 2010), em 1970 aluno do GEPSP, integrante da comissão organizadora e ego-auxiliar oficial do congresso, recorda e revela acontecimentos que foram significativos na sua vida profissional e pessoal:

Quarenta anos depois!
Escrevo influenciado pela leitura de depoimentos de colegas participantes do V Congresso Internacional de Psicodrama e Sociodrama e do I Congresso Internacional de Comunidade Terapêutica. Neles, já está destacada a importância do psicodrama, na qualidade de psicoterapia pessoal e grupal, como alternativa às práticas psicoterápicas, estruturadas segundo a psicanálise e hegemônicas na época. Nesse sentido, os congressos foram o showroom para a divulgação e validação dos métodos e da teoria morenianos.
De modo análogo, a proposta de comunidade terapêutica revolucionava a assistência psiquiátrica tradicional, calcada no modelo médico, de base organicista, com largo uso de medicações e com hospitais psiquiátricos como instituições totais, alguns com feitio de asilo. O próprio Maxwell Jones, o criador e divulgador dessa proposta inovadora, abrilhantava com sua presença esse primeiro congresso de cunho internacional. Esse movimento renovador, já pujante na Argentina, mostrara sua cara no IV Congresso Internacional de Psicodrama e Sociodrama, realizado em agosto de 1969, em Buenos Aires, com o comparecimento de Moreno, Zerka e outras estrelas do firmamento psicodramático.
Henrique Alves aponta, com propriedade, o caráter instituinte do nosso congresso – e estendo esse juízo ao campo da psiquiatria –, comprovado com o florescimento de comunidades terapêuticas, na década de 1970, especialmente em São Paulo.
Compartilho as recordações convergentes de Cesarino, Fonseca e outros, quanto ao clima mágico, especial, que vigorava no Masp, com episódios de entusiasmo semelhantes aos descritos

em cerimônias dionisíacas e com muitos oficiantes "embriagados" pela possibilidade inusitada de liberdade e encontro.

Mas nem tudo era um mar de rosas...

Para compor o mosaico de recordações dos congressos, confesso ter vivido um momento único em minha vida profissional-pessoal, uma genuína peripécia, ao coordenar um grupo de discussão dramatizada.

O tema relacionava-se aos conflitos surgidos no cotidiano das comunidades terapêuticas. Seguindo o esquema proposto pela coordenação do congresso, ensaiamos uma cena, que tinha como destaque um confronto entre a equipe técnica e o administrador da instituição. Essa dramatização serviria como estimulo à discussão e deveria ser o ponto focal dos comentários e cenas decorrentes. Essa era a estratégia para evitar que se resvalasse para discursos de cunho ideológico e que surgissem palanques políticos. Isso está expresso no escrito de Soeiro, presidente dos congressos.

Terminada a dramatização, com a discussão em aberto, Ancelin Schutzenberger, renomada psicodramatista francesa e componente convidada da mesa, questiona quanto à forma de abordar o assunto, pois o debate seria derivado de algo conservado, artificial. Propõe, enfim, que se trabalhe com cenas nascidas no aqui e agora da situação, como algo mais adequado. Mesmo diante da palavra do coordenador de que se teria oportunidade de engendrar novas cenas sendo apresentado apenas um disparador, ela se mantém firme em sua proposta.

No início, o público constituído por cerca de trezentas pessoas esboça falas de apoio à proposta de Ancelin. Essas manifestações vão num crescendo, inclusive com discussões paralelas entre os assistentes, quanto ao que se deveria fazer.

Enquanto isso, eu percebia insistentes sinas de D'Alessandro, também componente da mesa e um dos seis assessores diretos de Rojas-Bermúdez, na condução dos congressos. A mensagem explícita era a de que a proposta de Ancelin não deveria ser acatada.

A essa altura, quase dois terços da plateia, de modo enfático, exigia do coordenador o contrário. A massa ululante e flutuante lembrava, fisicamente, as ondas de um mar revolto.

O coordenador, detentor circunstancial de poder decisório, estava num dilema: ou impunha *manu militari* o regulamento do congresso à Ancelin e aos presentes, ou aceitava a alternativa emergente. Esta última foi a minha opção.

Passando o microfone a Ancelin, ela se dirige à boca do palco daquele auditório tradicional e convida alguém da plateia para que subisse a fim de encenar algo. Persiste no convite-proposta; para minha supressa e, suponho, também dela, ninguém se apresenta. Acaba voltando ao seu assento.

Os comentários que se seguiram até o final da atividade são poucos significativos diante do até então acontecido.

Ao longo dos anos, pude ir processando esse acontecimento aparentemente paradoxal e singular: um anunciado grupo de discussão dramatizada transformando-se num sociodrama da melhor estirpe.

Penso que o público presente, representante de uma sociedade amordaçada, ao encontrar um oásis de liberdade, valeu-se do protesto de Ancelin para manifestar sua revolta, até aqui impotente, diante da censura e repressão, vigentes no país, aos seus direitos de expressão e ação no mundo. A cena política, de democracia explícita, semelhante à democracia direta da ágora ateniense e proibida extramuros do Masp, encontrou seu lócus naquele momento em lugar mais abrigado. As produções artísticas (em música, teatro etc.), como protesto político, mobilizavam toda a espontaneidade criadora dos insurgentes. *Um grito parado no ar*, título de uma peça teatral da época, foi liberado...

As cenas a serem montadas no "como se" do contexto psicodramático, sugeridas por Ancelin, não se realizaram, pois não tinham mais sentido e valor diante da cena maior e essencial do público, organizado e atuante na expressão de seus direitos. O palco era todo auditório.

Por outro lado, a manifestação coletiva em coro protegeu seus participantes dos riscos eventuais, de possível identificação e perseguição policial por agentes da segurança, presentes no local. Cautela como expressão de espontaneidade.

A reflexão final é a de que os congressos foram fecundos em produção científica e instituintes no processo de transformação das práticas em saúde e educação, como também em vivências pessoais ricas e variadas.

Termino com uma recordação amarga: nesses congressos se escancararam e se acentuaram a problemática e os conflitos não resolvidos na estrutura política e funcional do grupo de estudos de São Paulo, responsável pelos cursos de formação psicodramática, com a equipe de Rojas-Bermúdez.

Os tempos seguintes foram de confronto, de turbulência, de sofrimento, até que chegasse o momento renovador, com os psicodramatistas brasileiros constituindo suas sociedades e associações de psicodrama.

Consideremos agora a vivência e análise do psiquiatra e psicoterapeuta Paulo Gaudêncio (depoimento, 2010), ex-membro do GEPSP e participante do congresso:

> Em 1969, a TV Cultura, canal 2, estava começando suas transmissões, tendo como entidade mantenedora a Fundação Padre Anchieta, que nomeou para dirigir o canal o doutor Jose Bonifácio Coutinho Nogueira. Este me convidou para ministrar, no ar, o mesmo curso que eu ministrava na PUC de São Paulo, numa linguagem acessível para pais e jovens.
>
> Paralelamente, fui nomeado curador da Fundação Padre Anchieta, como representante da Cúria Metropolitana.
>
> O programa foi produzido pelo falecido Walter Jorge Durst. A forma era simples: eu me sentava, com uma prancheta, no centro de um círculo composto de pais, jovens ou ambos. Fazíamos, então, a gravação de dois programas. No primeiro, eu fazia uma dissertação teórica. No segundo, respondia a perguntas que eram feitas pelo apresentador e pelo grupo.

Passamos por todos os aspectos da adolescência. Sua definição, a crise, o desenvolvimento profissional e vocacional, a biografia das emoções básicas, o desenvolvimento dos objetos primários de amor, o desenvolvimento da agressividade e do medo. Quatro programas teóricos e quatro de debates foram sobre o desenvolvimento da sexualidade.

A maior repercussão, claro, partiu desses programas. Enfrentando assuntos tabus como homossexualidade, masturbação, gravidez, virgindade etc., acabamos enfrentando o arbítrio da ditadura.

A segunda série, que previa o convite a outros profissionais, foi suspensa. A exibição do programa foi proibida. Inauguramos a lei de censura. Fui expulso da Fundação Padre Anchieta.

Paralelamente, aconteceu o Congresso de 1970. Estávamos no ápice da repressão. A ditadura proibia o encontro de pessoas. Esse era o clima do congresso, que foi até o fim e acabou se constituindo no grande divisor de águas do movimento psicoterápico – apesar dos esforços internos para que não chegasse ao fim, capitaneados pelo sociólogo francês Lapassade, que queria que o congresso fracassasse para que sua atuação tivesse destaque. Lembro-me de que, na época, eu o achava um narcisista chato. Isso foi há quarenta anos. Hoje, não tenho mais essa impressão. Tenho certeza!

Como o sociólogo fora convidado por Moreno, que, por sua vez, apesar do convite, não viera, começava a ficar evidente que o movimento psicodramático internacional apresentava sérias fissuras. Mesmo assim, o congresso foi até o fim, tendo grande sucesso. Causas?

Bermúdez, competente e carismático. O líder que compareceu marcou o movimento psicodramático no Brasil. O que faltou não fez falta.

O segundo fator foi, indubitavelmente, a atuação do grupo diretor do congresso. Apesar de sua juventude, apesar de irem descobrindo traições internas, apesar do clima externo adverso, conseguiram levar o congresso até o fim.

Como dois enfrentamentos tiveram fim tão diferente?

O congresso foi uma expressão *coletiva* de liberdade, diferente da minha experiência de uma manifestação *individual* de liberdade, mais fácil de ser abortada pela ditadura.

O movimento foi vitorioso, um verdadeiro *happening*, mais forte que a soma das distensões internas com o governo militar.

Assustou-me, no início, a possibilidade da predominância da técnica sobre a base científica, com o possível aparecimento da figura do Mickey Mouse no filme *Fantasia* (1940), que fazia o papel de quem conhecia só o desencadeante, não sabendo o processo completo.

Mais uma vez, a atuação firme desse grupo não permitiu que tal acontecesse. Pelo contrário, foi um divisor de águas do movimento psicoterápico no Brasil.

Complementando o relato de Paulo Gaudêncio, encontramos nas palavras de Cecília Coimbra (1995) a observação de que, no Brasil, o psicodrama teve a função pioneira de se inserir como uma nova abordagem, dado o monopólio da psicoterapia exercido pela psicanálise. Segundo ela, a partir da segunda metade da década de 1970, houve "o surgimento, e posterior expansão, de uma série de práticas colocadas como 'alternativas', que se anunciam no Congresso de Psicodrama do Masp, em 1970". E conclui: "[...] as práticas psicodramáticas abrem, no início dessa década, o caminho para outras formulações de psicoterapia", como, por exemplo, as práticas rogerianas, as gestálticas e as corporais.

Em tese acadêmica apresentada ao Departamento de Medicina Preventiva da Faculdade de Medicina da Universidade de São Paulo, Luiz Henrique Alves (1988), médico psicoterapeuta com especialização em psicanálise, psicodrama e medicina preventiva, assim analisa o Congresso de 1970:

> Os rituais contêm aspectos significativos da vida humana que os criou, por certo, por condensarem, em um ato, a simbolização dos elementos fundamentais das cruciais experiências humanas. A iniciação pública do psicodrama na sociedade brasileira, através do congresso realizado no Masp (Museu de Arte de São Paulo) em agosto de 1970, revestiu-se de um ritual de exposição à avaliação e reconhecimento de uma nova proposta de prática social e, quiçá, de constituição de um novo campo de saber.
>
> Aspectos relevantes daquele momento já fazem que se distingam elementos reveladores de tendências e possibilidades do psicodrama que aí se batizava como brasileiro, oficializando-o como projeto de intervenção social.
>
> Depoimentos de seus protagonistas e organizadores prestados ao autor e testemunhos de jornais da época o reconhecem pelas seguintes características:
>
> - **Um verdadeiro *happening***
>
> O cenário do encontro é a arejada arquitetura do Masp, seu vão livre, seus espaços contíguos e intercomunicantes. Ali, o congresso agradeceu a Lina Bo Bardi, "sua genial criadora, que trabalhou com arte, precisão e interesse pessoal na adaptação do recinto às nossas necessidades" (Programa do Congresso, 1970, p. 6).
>
> Condições diversas estimularam os organizadores a estimar um público de 1.500 pessoas; outras, não previstas, atraíram a participação de aproximadamente 3.500 pessoas.
>
> O encontro, revolucionário para a época, superou a modesta expectativa de seus organizadores pelas amplas repercussões que causou, perseguido de perto pela polícia política e pela mídia, criando problemas de trânsito na avenida Paulista, reconhecido pelas diversas entidades médicas e psicológicas. Um acontecimento que primou por atitudes irreverentes para a modorrenta vida social do final dos anos 1960.

- **Contraponto à ditadura militar**

1970 foi o ápice de uma época de proibições nas participações políticas do conjunto da sociedade brasileira. O arbítrio da ditadura militar calava as manifestações culturais, artísticas, sindicais; o império do silêncio, a proibição do encontro das pessoas.

[O congresso] Parece ter sido também uma surpresa para o poder autoritário, que assistia, de certa maneira compassivo, àquela manifestação que se lhe impunha como contraponto. Afinal, se a ditadura decretava o isolamento, ali (no congresso) se organizava um encontro; se o poder impedia manifestações, a nova proposta, insurgente, as reconhecia e estimulava; ao poder que impunha o fracionamento e a conspiração, o movimento psicodramático propunha a comunhão de indivíduos e o encontro-confronto direto entre os homens. Assim, o contexto social torna-se texto grupal, as contradições de uma sociedade silenciada ganham luz através do esforço empreendido pelo congresso e ele próprio se constitui em grito pela liberdade e democracia social.

- **Contraponto à psicanálise**

O congresso foi a oficialização de uma alternativa profissional para muitos profissionais apartados da opção psicanalítica.

Eis um depoimento afirmativo: "Na época, eu era um terapeuta jovem e os terapeutas jovens estavam muito atrapalhados. Ou entravam para a Sociedade de Psicanálise (o que na época era praticamente impossível, [pois] tinha filas imensas, de vários anos, preço absolutamente fora da realidade) [...] precisava esperar tudo isso para depois entrar na sociedade. O pessoal não tinha formação, o único instituto [alternativo] era o *Sedes Sapientiae*, que dava formação, que era a Madre Cristina, nada institucionalizado como é hoje; era a Madre Cristina como terapia meio sem cara de uma coisa científica maior, porém muito mais humanística diante do que era a Sociedade de Psicanálise. Afora a discordância que se tinha com a psicanálise, o pessoal estava inquieto, trabalhando meio selvagemente, sem formação maior, muito inseguro [...], ou dava remédio, fazia um apoio, que era o que se aprendia na época".

Antonio Carlos Cesarino e outros coordenadores entrevistados concordam que o Congresso de 1970 foi um marco na constituição de novas opções profissionais na área de saúde mental. Estavam presentes psicoterapeutas, na época também em formação psicodramática, que seguiram, posteriormente, outras abordagens. O Congresso de Psicodrama de 1970 serviu, sem dúvida, como uma espécie de cunha no monopólio da psicoterapia exercido na época pela psicanálise.

- **Cisma internacional do movimento psicodramático**

O congresso é um momento em que afloram conflitos já presentes no movimento psicodramático mundial. Moreno até então centralizara a condução do movimento psicodramático, porém, já envelhecido e doente, deveria transferir seu legado para seus seguidores.

No ano anterior, em 1969, Moreno elegera Bermúdez como seu herdeiro, decisão polêmica e que iniciou uma série de atritos entre os expoentes psicodramatistas de diversas nacionalidades. Presidente honorário do congresso, que contava com Bermúdez e Zerka Moreno, sua mulher, respectivamente primeiro e segunda vice-presidente, e tendo sua presença ansiosamente esperada, Moreno não comparece ao congresso e oficialmente "deserda" Bermúdez, causando repercussões intensas entre os componentes do GEPSP [...].

- **A oficialização de divergências no movimento psicodramático brasileiro**

No esteio dessas divisões, a própria equipe argentina se divide, com graves consequências na unidade dos psicodramatistas brasileiros. Afinal, essa equipe já prestava havia aproximadamente três anos serviços de terapia, supervisão e ensino no Brasil.

O clima de tensão é intensificado no congresso: acusações de malversação por parte de Bermúdez, protestos contra o exibicionismo desmedido de Bermúdez, que reservara para si o espaço de vivência para grandes públicos, contestação da cerimônia de diplomação dos coordenadores do GEPSP como os primeiros psicodramatistas do Brasil, oposição a um "imperialismo argentino" etc.

Segundo entrevista de membros dessa coordenação, acentuam-se as divergências dentro do GEPSP. Uma semana após o congresso, Rojas-Bermúdez sente que o clima está muito tenso e envia uma carta ao grupo dos "representantes de turma, em que diz estarem suspensos os encontros de formação por falta de condições emocionais (Cesarino *et al.*, 1984, p. 8, mimeo.).

[...] As repercussões [do Congresso de 1970] foram enormes, pois o clima participativo desse encontro e as inovações que o psicodrama trazia a público faziam-se irreverentes para o autoritarismo da época.

A psicodramatista Maria Alicia Romaña (depoimento, 2010), introdutora do psicodrama pedagógico no Brasil e atualmente vivendo na Argentina, relembra com entusiasmo sua experiência:

> Falar do Congresso Internacional de Psicodrama de São Paulo, em 1970, realizado no Masp (criação de Lina Bo Bardi, como diziam orgulhosos nossos anfitriões), provoca em mim um turbilhão de lembranças. Esse evento fechou um ciclo de estudos e realizações abrindo outro em consequência, mais generoso, carregado de ideais e de esperança. Iniciou a renovação das subjetividades aprisionadas em normas e princípios elitistas, que procuravam o útil, o solidário e o culturalmente autêntico, para fazer dessa escolha uma outra forma de vida, marcando as novas gerações no aspecto pessoal, profissional e político.
>
> Como contexto próximo ao congresso, lembro da Bienal de Arte Contemporânea no Parque do Ibirapuera. Com o território da arte que o Masp nos oferecia, as conversas sobre a Bienal

de 1969 eram inevitáveis, já que fora chamada de "Bienal do Boicote". Nesse ano, havia acontecido um fenômeno que acabara cruzando uma vez mais a arte com a política: convidados da França, Argentina, Holanda, Suécia, Itália e Estados Unidos recusaram-se a participar, em protesto contra a ditadura militar brasileira. Em 1970, começava a programação da Bienal de 1971, convocando os grandes nomes da pintura brasileira e homenageando os artistas da Semana de 1922, representativos de um espírito insubordinado em relação aos códigos conservadores.

Vejo a imagem daquela taça que o selecionado brasileiro conquistara no mundial de futebol do ano de 1970, exposta ao público na praça Roosevelt. Lembro-me dos voos das Aerolíneas Argentinas aterrissando e decolando no aeroporto de Congonhas, luminoso na sua arquitetura modernista. E vejo a nós, psicodramatistas da equipe argentina, frequentadores do luxuoso hotel Ca'd'Oro e da boêmia da desvairada noite paulistana.

Portas adentro do congresso, entre cenas e mais cenas, rampas e gente em movimento, a memória me mostra Anne Ancelin e Pierre Weil (que reencontraria em várias outras oportunidades, especialmente no Congresso de Campos do Jordão, em 1998). E vejo muitos, mas muitos jovens e anônimos estudantes vindos da Bahia, de Minas e dos estados do Sul, com suas mochilas e sacolas coloridas, olhos brilhantes, sorridentes e curiosos, sempre atentos às novidades que poderiam ser atribuídas à contracultura.

Portas afora, quem assim o desejasse recebia uma inédita aprendizagem com Chico, Paulo Vanzolini, Vandré, Vinicius e Roberto Carlos como mestres, falando dos perigos das curvas de Santos ou da carteira que fora batida na praça Clóvis, ou ensinando que a hora de agir deve ser feita, que não adianta só esperar acontecer; que gostemos ou não, os sentimentos (bons e ruins) são infinitos apenas enquanto duram e que o povo e a moça triste se alegram vendo a banda passar, mas que melhor ainda é fazer parte dela. Assim, como uma nuvem que o tempo se empenha em continuar a desenhar, vejo o esforço de uma democracia sufocada abrindo espaços num mundo que não poderia imaginar o preço que haveria de pagar pela sua aspiração à justiça e liberdade.

Evocando aquele tempo, não posso deixar de enviar aos colegas (na galáxia ou nirvana em que cada um deles se encontre neste momento) José Manoel D'Alessandro, Alfredo Correia Soeiro, Antonio Carlos Cesarino, Íris Soares de Azevedo, Laercio Lopes e Pedro Paulo Uzeda Moreira, primeiros psicodramatistas formados no Brasil, meu abraço amigo e o reconhecimento pela estrada que inauguraram com coragem e pioneirismo, a mesma em que hoje transitam Cida e Norival, em meio à multidão.

O psicodrama brasileiro nasceu para a cidade de São Paulo e, generosamente, difundiu-se por outras cidades e estados.

Encerramos este capítulo com uma síntese feita com base nas palavras do saudoso mestre D'Alessandro (Borba, vídeo 1, 1993): o Congresso de 1970 foi extremamente polêmico, envolveu cerca de três mil pessoas, vindas de todas as partes do mundo, causou congestionamentos na avenida Paulista (o que era incomum na ocasião), reverberou e repercutiu na mídia, no meio científico e na sociedade da época e continua repercutindo até hoje.

3 NA VIRADA DE 1970

Todos os criadores estão a sós
Até que seu amor pela criação
Forme um mundo ao seu redor.

J. L. Moreno (1992)

A despedida do GEPSP

Depois do Congresso do Masp, as insatisfações e os questionamentos de grande parte dos formandos do GEPSP no tocante aos aspectos administrativo e hierárquico eclodiram, na volta às aulas, em outubro de 1970, pois os associados e o líder Bermúdez não estavam conseguindo chegar a um acordo.

Os alunos, em sua maioria, embora convictos quanto à conclusão da formação e sem a pretensão de boicotar o curso, não concordavam com a estrutura da instituição e reivindicavam mudanças, como a eleição de novos componentes para a coordenação, já que a equipe atual deveria ser provisória, mas se tornara definitiva, atuando ao longo de quase três anos, e a criação de estatutos para a fundação de uma sociedade brasileira de psicodrama (Navarro, 1988).

Em 8 de outubro de 1970, os 113 alunos do GEPSP, dos onze grupos terapêuticos, elaboraram e assinaram um documento no qual afirmavam que só voltariam às atividades didáticas após a aceitação das exigências ali descritas; porém, essas exigências não foram atendidas, e uma parte da coordenação rompeu com os demais membros e com Rojas-Bermúdez. Em consequência, chegava ao fim o GEPSP, o primeiro grupo de ensino e prática psicodramática em terras brasileiras, composto de onze classes de psicodrama terapêutico e quatro turmas de psicodrama pedagógico.

Fonseca (1996) relembra o percurso feito por Bermúdez até o Congresso de 1970, com o acréscimo de uma interessante análise, considerando o contexto mundial:

O Bermúdez veio para o Brasil em 1967 e começou a formação em 1968. Em 1969 houve um congresso internacional de psicodrama em Buenos Aires, para onde foram Moreno e Zerka. Moreno não dirigiu o psicodrama, estava velhinho, mas fez os discursos. Ele nomeou [Bermúdez] como seu filho adotivo no discurso de despedida em Buenos Aires. Ele disse: "Agora façamos um congresso internacional a cada ano", na verdade porque se previa que ele poderia morrer a qualquer momento, então seria realizado um congresso internacional a cada ano. "O próximo será em São Paulo. E aqui vos apresento meus filhos: J. G. Bermúdez e Zerka Moreno". Nesse momento, ele foi apadrinhado. Agora veja que desastre para ele: entre 1969 e 1970, ele foi deserdado. Existia uma rede de intrigas muito grande. O velho Moreno não veio ao Congresso de São Paulo; [sua presença] seria oficialmente a benção final a Bermúdez como um dos sucessores. Essa questão é muito controvertida, é preciso que se ouçam todas as versões possíveis, e ainda assim nunca se chegará a uma conclusão única. Eu, pessoalmente, posso lhe dizer que fiquei mais isento das paixões em relação ao Bermúdez. Paixão no sentido de amor e paixão no sentido de ódio, porque o meu testemunho histórico [a respeito] das cenas do grupo "G" é que as pessoas componentes dos grupos estavam absolutamente ligadas transferencialmente ao Bermúdez; não quer dizer que eu não tivesse a minha transferência em relação ao meu terapeuta, o Bermúdez. Quando houve a cisão, essa transferência de amor se transformou em transferência de ódio, com pessoas que, até hoje, são absolutamente apaixonadas por Bermúdez, paixão de ódio. Por eu não ser importante no movimento daquela época, porque eu era muito jovem, e também por não ter sido representante do grupo G – o meu representante era o Miguel Navarro –, eu gostava do Bermúdez. Não era apaixonado pelo Bermúdez e também não fiquei com paixão de ódio. [...] Ele foi massacrado pela paixão de ódio que se levantou contra ele, também porque ele foi inflexível. Na parte política houve a sobreposição de papéis, porque ele era um pioneiro, o grande líder do movimento e, ao mesmo tempo, ele era terapeuta. Essas coisas nós sabemos, hoje em dia, que são muito complicadas e dificilmente podem dar certo. [...] Independente de certas inabilidades que ele possa ter tido, eu acho que houve sim um movimento de derrubada mundial. As notícias começaram a chegar a Moreno, que "o Bermúdez quer isso e aquilo, fazer isso e aquilo", era no sentido de que ele retirasse aquele apoio público que ele deu no Congresso de 1969, e ele retirou mesmo (no dia 30 de outubro de 1970, Moreno comunicou, através de uma carta, o desligamento da Associação Argentina do World Center for Psychodrama). As cartas que vinham [diziam] que havia uma epidemia de meningite no Brasil e por isso ele não viria, mas todos nós sabíamos que ele não viria porque [haveria] uma grande fogueira de vaidades dos que disputavam o poder, e, nesse sentido, foi muito tenso o Congresso do Masp. O Bermúdez percebia toda aquela tensão mundial. Já estava se desencadeando essa tensão, essa luta pelo poder, na Argentina, entre os seus próprios comandados, entre os elementos da sua equipe, inclusive da equipe que trabalhava no Brasil. Imagino que para ele deva ter sido muito tenso.

Na qualidade de coordenador do GEPSP e de presidente do V Congresso Internacional de Psicodrama, Soeiro tinha uma relação muito próxima com Rojas-Bermúdez, recebendo dele informações sobre os progressos e os problemas relacionados ao psicodrama. Entre os problemas, um dos mais significativos foi o desentendimento entre Bermúdez e Moreno, assim relatado por Soeiro (depoimento 2, 2010):

> Naquela ocasião, Bermúdez afirmou que os problemas surgidos entre ele e Moreno começaram nos primeiros meses de 1970, após uma ligação telefônica de Beacon para Buenos Aires, quando o criador do psicodrama conversou com Bermúdez e manifestou seu desejo de que os diretores e egos de psicodrama europeus pudessem fazer a sua inscrição para o V Congresso Internacional através do World Center for Psychodrama e de que o valor da inscrição ficasse em Beacon, com o que Bermúdez não concordou, dizendo que a organização de um congresso implica muitos gastos e que o país organizador deveria ficar com toda a arrecadação advinda das inscrições.
> Um ou dois meses antes do Congresso de 1970, Moreno ligou para a organização do congresso, que estava reunida na Clínica Honduras, e falou diretamente com Bermúdez, dizendo que não viria ao Congresso de São Paulo porque Zerka Moreno estava com faringite. Bermúdez achou absurda a situação, porque sabia que uma faringite poderia muito bem ser tratada em poucos dias; aquilo parecia uma desculpa esfarrapada. Eu estava ao lado do telefone e vi que Bermúdez estava muito irritado, falava de forma áspera com Moreno, dizendo que todos esperavam sua vinda ao Brasil e que aquela situação poderia provocar consequências imprevisíveis ao movimento psicodramático internacional; não dava para escutar a voz de Moreno no outro lado da linha e por isso não sabíamos se ele estava respondendo de forma também rude. Para o grupo dos seis, aquele desentendimento entre o genial criador do psicodrama e o seu mais competente divulgador na América Latina parecia surreal. Bermúdez nunca procurou envolver os membros da direção do congresso na sua discussão com Moreno.
> Dias depois, Moreno queria que fosse feita uma alteração na lista dos vice-presidentes honorários, que constava na margem dos papéis de carta impressos para uso da correspondência da organização do congresso. Ele queria que o nome de Bermúdez, que era o primeiro vice, passasse para o terceiro lugar; Zerka continuaria na segunda posição e o cargo de primeiro vice deveria ir para Jonathan Moreno. Bermúdez ficou mais irritado ainda porque, naquela ocasião, Jonathan era um adolescente sem nenhuma qualificação profissional, a não ser [o fato] de ser filho de Moreno. Bermúdez achava que passar por cima de profissionais da área e colocar em seu lugar membros da família em cargos honorários era um desrespeito a um congresso cientí-

fico internacional e particularmente ofensivo a ele. Aquilo foi sentido por Bermúdez como mais uma provocação de Moreno. Três ou quatro dias antes do início do congresso, Moreno ainda falou que talvez viesse, se lhe enviassem três passagens aéreas de primeira classe, para ele, Zerka e Jonathan, o que era muito dispendioso e extemporâneo naquelas circunstâncias.

Tudo isso, somado ao convite especial de Moreno para o conhecido anarquista Georges Lapassade, revela o pesado clima que estava reinando nos bastidores internacionais do psicodrama nos momentos que antecediam o V Congresso de Psicodrama, realizado no Masp. Bermúdez chegou ao congresso com uma tensão muito grande e o clima que encontrou em São Paulo em nada diminuiu a sua carga emocional, até a aumentou, e muito.

Aqui destacamos a importância de conhecer a história, para que possamos aprender sobre o homem e seus sentimentos, pensamentos, desejos e ações, inseridos no contexto das relações humanas, históricas, geográficas e sociopolíticas; e aprender com os acertos e erros, compreendendo e superando os antigos desacertos, para o aprimoramento tanto na dimensão humana como na profissional e científica.

Como uma frondosa árvore que vai perdendo suas folhas, o GEPSP enfim se extinguiu, mas as sementes por ele plantadas germinaram, marcando profundamente a história do movimento moreniano brasileiro.

Alves (1988) enfatiza que a pretensão do GEPSP de se institucionalizar como sociedade de psicodrama de âmbito nacional expirara. Assim, iniciou-se um processo de cisões e recomposições de entidades formadoras em psicodrama.

Permita-nos, caro leitor, outra metáfora: os filhos cresceram e tornaram-se independentes de seus pais, tanto o filho Bermúdez em relação ao pai Moreno, como os filhos brasileiros em relação ao pai Bermúdez. Parece-nos ter ocorrido um movimento de crescimento e libertação, com ganhos e perdas, união e separação, crise de adaptação, dores, esperanças e alegrias, somado às novas possibilidades de relações interpessoais, de trabalho, de estudo e de vida.

Os filhos brasileiros diplomados, inicialmente seis, abastecidos de um modelo de ensino de psicodrama, multiplicaram-se. Esses psicodramatistas didatas, comprometidos com o saber, capazes, dedicados e ousados, implantaram as duas primeiras instituições brasileiras de ensino.

Novas instituições brasileiras: ABPS e SOPSP

Com o fim do GEPSP, o grupo dos seis coordenadores dividiu-se ao meio, "por afinidades ideológicas, de trabalho e geográficas", como nos explica Fonseca (1996), sendo que:

- Íris Soares de Azevedo, Alfredo Correia Soeiro e José M. D'Alessandro, juntamente com um grupo de alunos, fundaram a Associação Brasileira de Psicodrama e Sociodrama (ABPS), em 3 de dezembro de 1970. O primeiro presidente foi o Alfredo Correia Soeiro. Optou-se pelo oferecimento de cursos de formação abrangendo o psicodrama terapêutico e o pedagógico, de acordo com o modelo teórico e prático bermudiano.
- Antonio Carlos Cesarino, Pedro Paulo Uzeda Moreira e Laercio de Almeida Lopes e alguns alunos fundaram a Sociedade de Psicodrama de São Paulo (SOPSP), em 15 de dezembro de 1970. Antonio Carlos Eva foi o primeiro presidente. Inicialmente, só ministraram cursos de psicodrama terapêutico; entretanto, logo em seguida, passaram a oferecer formação em psicodrama pedagógico para assistentes sociais (Silva, 2008).

Essa divisão ficou conhecida no meio psicodramático como o "racha" do movimento. Durante muitos anos, esses dois grupos ficaram bem separados e seus integrantes quase nem se falavam, mas, com o tempo, houve a reaproximação, e, atualmente, mais amadurecidos e libertos dos ressentimentos, os grupos praticam uma convivência respeitosa e afetiva; os integrantes de um grupo frequentam a entidade do outro e trabalham conjuntamente em congressos.

Porém, ainda em 1978, Pierre Weil, por não ter vivido diretamente a referida cisão, foi escolhido para dirigir um trabalho psicodramático visando aproximar os membros da coordenação do antigo GEPSP, que não conversavam entre si desde 1970. Esse trabalho ocorreu no I Congresso Brasileiro de Psicodrama, na cidade de Serra Negra (SP) (Coimbra, 1995).

Muitos de nossos entrevistados afirmaram que a extinção do GEPSP e o "racha" do movimento fragilizaram o potente psicodrama que acabara de nascer, acarretando desistências por parte de alunos e interessados.

No contexto político, a ditadura governamental ampliou seu arsenal de autoritarismo, repressão e tortura nos "anos de chumbo" que se seguiram, sufocando os movimentos sociais, acadêmicos e culturais, o que interferiu na vitalidade da própria psicologia, na época.

Sobre esse cenário brasileiro, Motta (2006) assinala: "O milagre econômico brasileiro não conseguiu mais se sustentar, seu desmascaramento teve início com a primeira greve do petróleo (1972), que promoveu a abertura de profundas mudanças no cenário mundial, que seriam agravadas com a segunda greve do petróleo, em 1978".

Os novos didatas precisaram trabalhar bastante, com estudo, pesquisa e prática, para revitalizar o corpo psicodramático, em sua teoria, método e técnica. Nesse período, por meio dos profissionais de relevo de ambas as escolas, muitas instituições foram fundadas em diversas localidades, como Salvador, Brasília, Campinas, Porto Alegre, Curitiba, Ribeirão Preto, São Paulo, Rio de Janeiro, Campo Grande, Fortaleza e Manaus.

Costa (2001) declara: "Nos primeiros anos da década de 1970, essas duas entidades [ABPS e SOPSP] darão início a quatorze outras entidades de psicodrama terapêutico".

O clima, surgido no "racha", de mútua animosidade e disputa entre as duas primeiras escolas, se não totalmente superado, "ao menos se ameniza, na medida em que o crescimento do movimento psicodramático exigia um esforço conjunto relativo" (Alves, 1988).

Assim, a metodologia psicodramática foi gradativamente conquistando uma configuração mais ampla no território nacional (Motta e Davoli, 1984).

As primeiras escolas de psicodrama pedagógico

Relembremos que Maria Alicia Romaña coordenou, entre outubro de 1969 e outubro de 1970, a formação pedagógica do GEPSP: o curso tinha oitenta alunos, porém, com a extinção do GEPSP, não foi possível finalizá-lo e diplomar os educadores.

Alves (1988) informa-nos que a maioria dos alunos do curso de psicodrama pedagógico se identifica, inicialmente, com a proposta da SOPSP, buscando essa instituição; no entanto, na assembleia de formação da entidade, no final de 1970, "liderados por Marisa Greeb, apartam-se dessa iniciativa, já que seriam considerados em seus estatutos como 'sócios agregados', sem direito de votarem ou de serem votados".

Em 1972, é fundada a Role Playing Pesquisa e Aplicação Ltda., em São Paulo, a primeira escola particular de psicodrama pedagógico, de propriedade de Marisa Greeb, contando com a orientação de Maria Alicia Romaña (Motta, 2008).

Fonseca (1993) conta que Marisa Greeb, uma das alunas do extinto GEPSP, tomou a iniciativa de procurar Alicia Romaña na Argentina para acertar a continuidade do curso, e esta aceitou vir a São Paulo, a cada dois meses, para ministrar os seminários especializados. O próprio Fonseca foi contratado para realizar treinamentos semanais no período entre as vindas de Alicia Romaña. Essa foi a origem da escola Role Playing, até hoje dirigida por Marisa Greeb.

Em 1973, Maria Alice Vassimon funda, em São Paulo, a segunda instituição particular nessa linha, chamada Grupo de Estudos e Trabalhos Psicodramáticos (Getep), com o objetivo de formar educadores em psicodrama pedagógico e levar o psicodrama aos menos favorecidos socialmente (Silva, 2008).

No site do Getep (www.getep.com.br), encontramos mais informações sobre a origem dessa entidade:

O Getep – Grupo de Estudos e Trabalhos Psicodramáticos foi fundado em 1973. Educadores e terapeutas, sensibilizados com o contexto de autoritarismo vivido pelo país na ocasião e com as dificuldades da população brasileira (educação, saúde, desemprego), organizaram uma instituição [com o objetivo de] atuar na área do relacionamento humano para transformar suas diferentes dimensões.

A partir de então, outras associações e institutos destinados à formação pedagógica surgem no Brasil. Neste capítulo, trataremos apenas das escolas fundadas no período inicial da década de 1970. Recomendamos a leitura do livro *Grupos: intervenção socioeducativa e método sociopsicodramático*, organizado pelas psicodramatistas Marlene Magnabosco Marra e Heloisa Junqueira Fleury (São Paulo: Ágora, 2008), para a obtenção de uma complementação histórica.

O psicodrama na mídia

Na época do V Congresso Internacional, o psicodrama fez parte da "agenda" da mídia; quase um ano após o congresso, o tema ainda era discutido. Encontramos uma reportagem publicada no jornal *O Estado de S. Paulo*, em 9 de maio de 1971 (p. 39), intitulada "No psicodrama, o enredo é a própria vida do ator" e feita com base numa entrevista dada pela psicóloga Íris Soares de Azevedo.

Essa reportagem integra o acervo pessoal de Íris, mas os interessados também podem encontrá-la, em versão microfilmada, no Arquivo Público do Estado de São Paulo, localizado na avenida Cruzeiro do Sul, 1.777, próximo da estação Portuguesa/Tietê do metrô, em São Paulo, capital.

Conheçamos o texto:

No psicodrama, o enredo é a própria vida do ator

As pessoas reúnem-se ao redor de um círculo e formam a cena. O protagonista, auxiliado pelo diretor, que selecionou o material por ele trazido, vai desenvolvendo seu papel. Mas é um papel real, ele leva para o palco uma verdadeira personalidade. Enquanto isso, o auditório, representando a sociedade, influi sobre o protagonista e sua dramatização. Poderia ser um ato de teatro comum, não fosse o enredo no círculo, o protagonista assistido por um psicodramatista, o protagonista encena a própria vida.

A psicodramatização é um novo campo da psicologia que começou a se desenvolver no Brasil há três anos. Íris Soares de Azevedo, da Clínica Honduras, uma das primeiras psicodramatistas no Brasil, explica: "O psicodrama é uma terapia profunda de grupo, cujas raízes se encontram no teatro, na psicologia e na sociologia, tendo por núcleo a dramatização".

No Brasil, o psicodrama e o sociodrama surgiram a partir da experiência da Associação Argentina de Psicodrama e Sociodrama. No ano passado foi realizado o primeiro congresso da associação nacional, e há um curso de três anos para psicólogos e médicos na Faculdade de Psicologia "Sedes Sapientiae", além de cursos promovidos pela associação na Clínica Honduras, no final da rua Honduras.

A caracterização do psicodrama incide em cinco elementos indispensáveis: o protagonista ou paciente, o cenário, os egos-auxiliares, o diretor ou terapeuta e o auditório.

Desde que o protagonista – autor e ator do drama – seja constituído por um grupo de pessoas, a dramatização será de sociodrama.

Segundo Íris Azevedo, "o protagonista deve levar para a cena o seu próprio universo e demonstrar o seu comportamento nesse universo".

Início

Com o nome de "teatro da espontaneidade", o psicodrama nasceu no início do século, a partir das experiências que J. L. Moreno realizou em Viena.

Tecnicamente aplica fórmulas diversas para o tratamento das desordens mentais, que têm como centro a dramatização. Seus fins identificam-na com os mesmos resultados que se esperam da psicoterapia de grupo.

Ressalta-se, entretanto, que a finalidade das técnicas psicodramáticas – como espelho, desdobramento do eu, inversão de papéis e outras – não é tornar os pacientes bons atores, mas conduzi-los a se identificar com o que realmente são, de maneira mais profunda e mais clara do que na vida real.

Em síntese, toda a composição do psicodrama está ligada à composição da própria sociedade atual, de quem recebe influências diretas, na exata medida em que esta sociedade responderia às iniciativas do protagonista.

Por isso, nos psicodramas públicos, processam-se fenômenos afetivos semelhantes aos que ocorrem nos movimentos de "massa", não havendo compromissos pessoais como nos grupos menores, onde vários elementos se conhecem. Assim, "o desconhecimento prévio favorece o surgimento de problemas afetivos, pois não existe mais distância e menor rede de intercomunicações, com a possibilidade de troca de informações em qualquer momento", afirmam os psicólogos que tratam do assunto.

"Mesmo sendo difícil – concluem – pode-se chegar a bons resultados, quando as cenas são trabalhadas e elaboradas em comum".

O teatro da vida

O teatro da vida está no palco. A sessão de psicodrama vai se desenvolvendo em suas três etapas: o aquecimento, a dramatização e os comentários ou análise.

Durante o aquecimento, verifica-se uma série de atos que vão pouco a pouco preparando os integrantes da sessão para alcançar condições de ação. É uma fase de aquecimento semelhante aos exercícios que os atletas praticam antes das competições.

O aquecimento irá influir diretamente no nível da dramatização, a parte central do psicodrama, onde as técnicas específicas são aplicadas, com o desdobramento do eu. Inversão de papéis, monólogo, espelho, interpolação de resistências, realização simbólica e outras, que levam o paciente a viver os mais variados papéis.

Basicamente, afirmam os psicodramatistas, a dramatização objetiva a observação de toda a estrutura a investigar, o estudo dos dinamismos psicológicos e sociais, a transformação do conteúdo em material presente e vivencial, a operação terapêutica, a verificação das modificações ocorridas pela introdução de elementos terapêuticos e sua estabilidade e o controle da evolução do quadro clínico por meio de provas experimentais de realidade.

Então o diretor se encontra com o protagonista e, na sua qualidade de psicólogo, cria um clima afetivo que irá colocá-lo de tal maneira na sessão que possibilite sua atuação como se estivesse em seu meio natural.

Finda a dramatização, passa-se para os comentários ou análises, a parte final de uma sessão psicodramática, onde a atenção se centraliza no auditório: seus membros externam opiniões e comentários sobre a cena, pelos quais o diretor investiga as vivências desencadeadas no grupo pelo protagonista, com base no que proporá as soluções aos problemas exteriorizados.

Com base na prática, uma sessão de psicodrama, que nunca dura mais que duas horas e na qual a dramatização ocupa um espaço de tempo quase sempre variando entre dez e quinze minutos, seria descrita da seguinte forma.

O paciente, após o aquecimento, sobre o estrado circular que representa o palco, exterioriza sua vida, seu universo, representando dramaticamente um problema íntimo. Com as reações que o auditório exprime, que seriam as reações da própria sociedade, esse problema é equacionado de forma a possibilitar ao diretor, o psicodramatista, a aproximação de suas soluções.

O Congresso de Tóquio em 1972

Em dezembro de 1971, Soeiro recebeu uma carta, enviada do Japão e assinada pelo senhor Kohei Matsumura, convidando-o a participar do VII Congresso Internacional de Psicodrama, a ser realizado em Tóquio, de 29 de março a 4 de abril de 1972, passagem assim comentada pelo próprio Soeiro (depoimento 3, 2010):

> O notável daquele convite foi que a organização do referido congresso também estava oferecendo gratuitamente a passagem aérea e a hospedagem durante os dias do congresso. É oportuno lembrar que o senhor Kohei Matsumura e a senhora Utako Kitahara estiveram presentes no

V Congresso Internacional de Psicodrama, realizado no Masp em 1970, como representantes do Japão, e que vieram por conta própria.

Alguns dias depois, recebi um telefonema de Rojas-Bermúdez, que revelou que havia recebido uma carta-convite semelhante àquela antes referida. Naturalmente ficamos muito contentes e nos organizamos para ir a Tóquio. Sem saber de nada, o senhor Kohei Matsumura e a diretoria do VII Congresso Internacional estavam enviando correspondências para todos os países em papéis timbrados com os dados da Japanese Society of Psychodrama, responsável pela organização do congresso, e tendo na sua margem esquerda os nomes dos representantes honorários: P. Sivadon, A. Ancelin-Schutzenberger, F. Knobloch, J. G. Rojas-Bermúdez, A. C. Soeiro e D. G. Elefthery.

Algum tempo depois, o World Center for Psychodrama divulga uma carta aos principais núcleos do psicodrama mundial relatando que alguns dos nomes supracitados eram *personae non gratae* no movimento psicodramático, e Moreno exige do senhor Kohei Matsumura que retire esses nomes dos impressos. Matsumura ficou extremamente ofendido e tentou argumentar que o congresso estava próximo e que, por isso, não poderia tirar os referidos nomes que ele mesmo havia convidado. Moreno, então, repetiu o mesmo comportamento do Congresso de 1970, ao dizer que não iria a Tóquio, embora anteriormente houvesse confirmado a sua ida.

Eu e Bermúdez, ao chegarmos a Tóquio, encontramos Matsumura muito abalado com a intransigência de Moreno. Dias antes do evento, ele enviara a secretária do congresso, Utako Kitahara, até Beacon para conversar com Moreno sobre o problema criado por sua ausência e tentar reverter a situação. Apesar de Kitahara ter ido do Japão para os Estados Unidos, Moreno a deixou esperando várias horas em Beacon e só a atendeu no dia seguinte. Matsumura sentiu-se muito desrespeitado e ofendido. Naquele clima desagradável, reuniram-se os ex-presidentes de congressos internacionais de psicodrama A. Ancelin-Schutzenberger, F. Knobloch, J. G. Rojas-Bermúdez, A. C. Soeiro, para prestar sua solidariedade a Matsumura e a Kitahara. Esses ex-presidentes haviam sido publicamente renegados por Moreno, embora anteriormente sempre tivessem sido considerados pessoas trabalhadoras e importantes em seus países de origem para o ensino e divulgação do psicodrama.

Nesse clima, Bermúdez sugeriu que se criasse uma Federação Internacional de Psicodrama para que todos os países pudessem ter voz e voto. A proposta de constituição de um comitê de promotores para a criação futura da International Federation of Psychodrama and Sociodrama foi bem acolhida, e um texto de compromisso redigido na hora foi assinado por todos os presentes. Nos dois dias seguintes, Ancelin-Schutzenberger e F. Knobloch não apareceram no congresso, tendo sido divulgada a notícia de que eles tinham ido a Beacon se encontrar com Moreno. No terceiro dia, eles reapareceram e solicitaram a retirada dos seus nomes do documento citado. Com a saída de Ancelin-Schutzenberger e de F. Knobloch, o grupo sentiu-se enfraquecido e abandonou o ambicioso projeto.

No Congresso de Tóquio, Ancelin apresentou "Psychodrama in France"; F. Knobloch, "Integrated psychotherapy"; Rojas-Bermúdez, "Psychodance"; e eu, "Images in psychodrama". O trabalho de Bermúdez foi muito dinâmico e concorrido, e o meu, acompanhado de exposição de slides, despertou muito interesse dos congressistas, com base no grande número de perguntas da plateia.

Ainda durante o congresso, Bermúdez e eu conversamos várias vezes a respeito da importância de reaproximar os alunos e os professores participantes dos cursos organizados pelo antigo GEPSP, bem como aproximar os membros da Associação Argentina de Psicodrama e Sociodrama dos seus colegas brasileiros. Inicialmente, pensamos em realizar um congresso sul-americano, mas depois essa ideia foi abandonada e surgiu a hipótese de [realizarmos] encontros argentino-brasileiros. Ao chegarmos a nossos países, primeiro consultaríamos os psicodramatistas mais próximos e verificaríamos o nível de receptividade ao projeto. Inicialmente falei com a Íris e o D'Alessandro e a ideia foi bem recebida. A seguir, falei com psicodramatistas da SOPSP e a resposta também foi favorável. A partir de então, foram realizados vários encontros argentino-brasileiros.

Os encontros argentino-brasileiros

Depois de participar do VII Congresso Internacional de Psicodrama, em Tóquio, no ano de 1972, Bermúdez e um grupo de profissionais decidiram organizar o I Encontro Argentino-Brasileiro, em Buenos Aires, em razão da progressiva ascendência do movimento psicodramático nesses dois países e da emergente necessidade de intercâmbio científico.

Durante a realização do I Encontro, constituiu-se um comitê organizador para a fundação da Federação Latino-Americana de Psicodrama (1973), nomeando-se como sede a Associação Argentina de Psicodrama e Psicoterapia de Grupo, e como secretário-geral, Rojas-Bermúdez. O psicodramatista Alfredo Correia Soeiro é um dos membros fundadores, entre expoentes da América Latina (Rojas-Bermúdez, 1980).

Entre 1973 e 1976, são realizados mais três encontros: na cidade do Guarujá (SP), em 1973; em Potrerillos (Argentina), em 1974; em Salvador (BA), em 1976. Junto com esse evento na Bahia, ocorreu um curso de psicodrama pedagógico (Rojas-Bermúdez, 1984).

A repercussão dessas atividades levou, em 1975, à organização, em Buenos Aires, do I Congresso Latino-Americano de Psicodrama, uma "bem-sucedida tentativa de favorecer a integração e as possibilidades de reposição e confrontação científica das diversas linhas que conformam o movimento psicodramático de nosso subcontinente" (Rojas-Bermúdez, 1984).

A boa acolhida por parte dos profissionais, estudantes e interessados em geral se manifestou de modo crescente nos posteriores congressos latino-americanos, realizados bienalmente a partir de 1975 (Rojas-Bermúdez, 1984).

Vale salientar que, numa época de repressão militar, muitos profissionais sul-americanos mantiveram sua produção científica, o que possibilitou a instituição dos congressos latino-americanos e dos encontros argentino-brasileiros de psicodrama.

No Instituto Sedes Sapientiae, o aquecimento para a Febrap

Madre Cristina, em 1974, mais uma vez abriu as portas de seu instituto e convidou Íris Soares de Azevedo para que organizasse o Departamento de Psicodrama do Instituto Sedes Sapientiae, em São Paulo. Íris foi a primeira coordenadora do curso de psicodrama terapêutico, cumprindo essa função de 1974 a 1978.

Motta (2008) apresenta detalhes da criação desse departamento:

> Nele, pela primeira vez, foram reunidos os professores das duas escolas rivais (ABPS e SOPSP). Madre Cristina considerava que aquela briga dos *contra* e *a favor de Bermúdez* não combinava com o espírito moreniano. Outras escolas participaram desse movimento de reunificação, como a Sociedade Paranaense de Psicodrama e o Instituto de Psicodrama e Psicoterapia de Grupo (IPPGC) de Campinas (1976). Nos primeiros anos, esses dois grupos pareciam irreconciliáveis. Pouco depois, veremos que isso não se confirma.

Em tempo: no ano de 1990, a convite da coordenadora geral, Dalka Chaves de Almeida Ferrari, a psicodramatista Herialde Oliveira Silva elaborou e implantou o curso de psicodrama pedagógico no Sedes, sendo, assim, a primeira coordenadora desse curso (Silva, 2008).

Quanto à reunificação das várias escolas psicodramáticas, ela só aconteceu oficialmente com a fundação da Febrap, em 1976, sob a liderança do colega José Fonseca Filho.

A Federação Brasileira de Psicodrama

Em 1976, existiam vários núcleos formativos espalhados pelo país, e alguns didatas, como Fonseca e Soeiro, participavam de grande número deles. Pierre Weil tinha entidades no Rio de Janeiro, em Belo Horizonte e em Recife.

Nessa época, havia catorze escolas brasileiras de psicodrama, sendo três delas ligadas à abordagem triádica de Pierre Weil, e as onze demais decorrentes do modelo trazido por Bermúdez. Porém, ainda não havia nenhuma forma de agrupamento entre essas entidades.

Tendo como principal coordenador José Fonseca, o movimento psicodramático conseguiu se associar para formar a Federação Brasileira de Psicodrama (Febrap), criada em 21 de agosto de 1976 (Motta, 2006).

Em seu site (www.febrap.org.br), a Febrap informa que "é uma sociedade civil, de direito privado, de caráter científico-cultural, sem fins lucrativos, com duração por tempo indeterminado. Tem por finalidade a união das instituições brasileiras de psicodrama que adotam como base comum a filosofia, a teoria e práticas propostas por Jacob Levy Moreno".

Os presentes na assembleia de 1976, consensualmente, definiram que a Febrap seria uma federação de entidades e não de pessoas, tendo como objetivos: congregar entidades e manter o intercâmbio entre elas; regulamentar, normatizar e fiscalizar o currículo mínimo; organizar congressos; editar uma revista científica (Motta e Davoli, 1984).

Ao relembrar as origens da criação dessa federação nacional, Fonseca (1993) afirma:

As pessoas estavam juntas, em torno de uma filosofia e de uma técnica, mas nunca se encontravam. Leve-se em conta que o movimento era tão jovem que não se apresentavam diferenças teóricas ou técnicas, somente políticas. Em Curitiba, os grupos terapêuticos pioneiros eram dirigidos por dois psicodramatistas, um associado à ABPS [Sebastião de Mello] e o outro à SOPSP [Fonseca Filho]. Resultado: SOPSP e ABPS uniram-se para ministrar os seminários teóricos aos paranaenses. Na ocasião, conversei com José Manoel D'Alessandro, então presidente da ABPS, sobre a ideia de fundarmos uma entidade nacional. Ele mostrou-se entusiasmado. Nessa época, fui convidado para um simpósio de psicodrama no Rio de Janeiro. Lá conheci Ronald de Carvalho Filho e Pierre Weil. Eles também acreditaram na proposta. Como presidente da SOPSP, ofereci a entidade para receber o primeiro encontro para a discussão do tema. A ela compareceram representantes de Porto Alegre, Curitiba, São Paulo, Campinas, Ribeirão Preto, Rio de Janeiro, Belo Horizonte e Salvador. A proposta era simples: fundar uma entidade que fosse responsável pela organização de um congresso nacional periódico, por uma publicação que acolhesse a produção escrita e por um conselho que cuidasse de normas mínimas para o treinamento e formação de psicodramatistas.

[...] Muitas pessoas me perguntam se fui o primeiro presidente. Respondo que fui o primeiro coordenador da "Pré-Febrap". Eleito para coordenar as reuniões, procurei conciliar os diferentes pontos de vista, o que era algumas vezes difícil de ser atingido. Por exemplo, os seguidores de Rojas-Bermúdez faziam questão que constasse dos estatutos da nova entidade a obrigatoriedade do estudo da *teoria do núcleo do eu*. Esse e outros tópicos foram contornados diplomaticamente. Pierre Weil, que era mais velho e experiente do que os outros representantes, foi de extrema valia. Participou com humildade e bom-senso de todo o projeto. Outra pessoa importante foi Soeiro, que começou reticente, mas depois se desarmou e colaborou efetivamente no projeto comum. Finalmente chegamos a um estatuto que foi formalizado pelo advogado, psicodramatista e professor de teatro Clovis Garcia. Na ocasião de formarmos a chapa para a primeira eleição, optei por participar somente do Conselho Normativo e Fiscal, sendo eleito seu presidente. O CNF era o espaço de decisões políticas da Febrap. Eu ainda temia que a ideia não vingasse e desejava estar próximo do centro político da nova instituição. Para ocupar o cargo executivo, foi escolhido Içami Tiba, associado da ABPS e da SOPSP, que cumpriu com eficiência sua tarefa de realizar, entre outras coisas, o I Congresso Brasileiro de Psicodrama, em 1978, em Serra Negra, São Paulo.

Içami Tiba conta que a criação da Febrap exigiu dois processos: o ideológico, descrito anteriormente, e o prático, realizado por Victor Dias e ele próprio. Na fase pré-Febrap, ambos visitaram as catorze entidades existentes no Brasil, com o objetivo de estabelecer o diálogo, levantar informações curriculares e consultar seus responsáveis sobre o desejo de participação em uma federação, o que serviu de base para a elaboração do regimento interno da Febrap (TV MED, vídeo 6, 2000).

Portanto, no que concerne à formação da Febrap, merecem destaque, dentre vários profissionais coparticipantes, Fonseca, Victor Dias e Içami Tiba.

Este último protagonizou um fato curioso, que poucas pessoas conhecem: na época da fundação, houve um concurso para a escolha do logotipo da Febrap, e o vencedor foi o próprio. Içami Tiba é, portanto, o autor do logotipo até hoje utilizado pela instituição (TV MED, vídeo 6, 2000).

A primeira diretoria da Febrap (gestão de 1976 a 1978) foi constituída por:

- presidente: Içami Tiba;
- vice-presidente: Alfredo Naffah Neto;
- primeiro secretário: Carlos Alberto Saad;
- segundo secretário: Victor Roberto C. S. Dias;
- tesoureira: Laís Machado;
- primeira suplente: Lilian Pinheiro;
- segunda suplente: Suzana Domingues de Castro.

O Conselho Normativo e Fiscal, por sua vez, constituiu-se por:

- José de Souza Fonseca Filho – São Paulo;
- Waldeck B. de Almeida – Salvador;

- José Theobaldo Diefenthaler – Porto Alegre;
- Amarílis Pontedeiro – São Paulo;
- Hélio Koscky – Belo Horizonte;
- Pierre Weil – Belo Horizonte;
- Maria Rita Seixas – Brasília.

A partir de então, a Febrap passou a realizar, bienalmente, os congressos brasileiros de psicodrama.

Nas paredes de sua sede atual, encontramos quadros retratando todos os congressos e encontros da área realizados no Brasil, inclusive o V Congresso Internacional de Psicodrama, realizado no Masp em 1970.

Fonseca (1993) afirma categoricamente que, no ano de 2000, a Febrap recebeu também a tarefa de cuidar da inserção do psicodrama brasileiro no movimento psicodramático internacional.

Além de estabelecer o congresso nacional, a primeira gestão da Febrap, dando continuidade ao cumprimento de seus objetivos, publica em São Paulo, em 1977, sua primeira revista, então denominada *Revista da Febrap*, com exemplares, atualmente, bastante raros.

A primeira revista da Febrap

O editorial inaugural da *Revista da Febrap* (1977), que reproduzimos a seguir, foi escrito por Laís Machado, ex-aluna do GEPSP e ego-auxiliar do V Congresso Internacional de Psicodrama:

> Eis o nº 1, ano I, da *Revista da Febrap*.
> Nosso objetivo é oferecer ao público interessado uma revista especializada, de leitura esteticamente atraente e dentro dos padrões gráficos contemporâneos, que seja um estímulo para o trabalho dos profissionais, uma oportunidade de informar e informar-se, que seja um veículo de divulgação do movimento psicodramático brasileiro.
> Psicodrama – teatro – vida – psique – homem – ação – criação – resultado. Jogo – dramatização. Sociometria – Tele – relação. Momento – espontaneidade – veleidade – capacidade – encontro – reencontro.
> Psicodrama – arte de tornar as pessoas capazes de se curarem; método de pesquisa social e terapia grupal – contribuição de Moreno à psicologia e sociologia.
> Introduzido no Brasil em experiências mais ou menos isoladas, a partir da década de 1950, em 1968, com a criação do Grupo de Estudos de Psicodrama de São Paulo, sua divulgação toma gran-

de impulso, mobilizando grande número de psicólogos, psiquiatras e educadores, possibilitando em 1970 a realização do V Congresso Internacional de Psicodrama no Brasil, em São Paulo.

De lá para cá, sua utilização vem modificando o relacionamento psicoterapeuta-cliente, professor-aluno, e a rotina de muitos hospitais e instituições em vários pontos do país.

E do desejo de integração dos psicodramatistas nasceu a Febrap e esta *Revista*.

Em torno de sua edição, uma equipe começou a se estruturar, [sendo] formada por psicodramatistas, jornalistas, gráficos e artistas plásticos. Os artigos deste número foram escolhidos dentre os que nos foram enviados por critério de distribuição temática e geográfica. Nossa ideia é também preparar matérias especiais para a revista.

Escrevam-nos, mandem seus trabalhos, acompanhados de uma foto e data de nascimento, enviem sugestões.

O próximo número será dedicado ao I Congresso Brasileiro de Psicodrama.

Até lá.

Os artigos contidos nesse primeiro volume são:

- "Psicodrama: a opção de encontro para o adolescente em crise", de Içami Tiba;
- "O ato como elemento terapêutico", de Nedio Antonio Seminotti;
- "O sonho visto pelo psicodrama", de José F. Sastre e Paulo R. L. Rodrigues;
- "Uma ideia prática do psicodrama (com cinco exemplos)", de José de Souza Fonseca Filho;
- "Psicodrama e dialética", de Alfredo Naffah Neto;
- "O psicodrama da esfinge", de Pierre Weil.

Este último, cujo tema é uma técnica elaborada por Pierre Weil ("psicodrama da esfinge"), foi o único trabalho apresentado no V Congresso Internacional de Psicodrama, em 1970, a ser publicado e levado, dessa forma, a toda a comunidade psicodramática.

A primeira revista da Febrap "oficializa o psicodrama instituído pela Federação Brasileira de Psicodrama, sem negar a trajetória psicodramática em território brasileiro desde a década de 1950" (Merengué, 2008).

Na capa, há a reprodução de uma tela de Ivald Granato (de 1977), com ilustrações de Vera Rodrigues. Na contracapa, consta um anúncio referente ao I Congresso Brasileiro de Psicodrama, que ocorreria entre 24 e 28 de maio de 1978, em Serra Negra (SP). Os editores são Ivald Granato e Massao Ohno.

Após o primeiro volume, a Febrap continuou publicando a revista semestralmente, para que fosse distribuída entre seus membros e instituições filiadas, até o ano de 1984, quando a publicação foi interrompida. De 1986 a 1991, segundo o site da Febrap, a divulgação dos trabalhos científicos foi realizada por meio dos anais dos congressos brasileiros.

Nasce a *Revista Brasileira de Psicodrama*

Em 1990, a *Revista da Febrap* retorna reformulada e com um novo nome: *Revista Brasileira de Psicodrama*, o qual se mantém até os dias atuais. Wilson Castello de Almeida (1994) explica que, como resultado de uma ampla pesquisa, envolvendo todas as instituições federadas, concluiu-se que "o nome mais aberto e genérico – *Revista Brasileira de Psicodrama* – atenderia melhor à universalização do saber psicodramático e de suas correlações".

O primeiro editor da nova revista foi Moysés Aguiar, produzindo dois primorosos fascículos no ano de 1990. Após uma pausa na publicação, Wilson Castello de Almeida tornou-se, em 1994, o segundo editor, permanecendo na função por onze anos ininterruptos, como relata Merengué (2008):

> A partir de 1994, a *Revista Brasileira de Psicodrama*, depois de um período sem publicação, inicia uma carreira de estabilidade com a publicação de um número a cada semestre até o presente momento. Em uma primeira e grande fase que vai até o primeiro semestre de 2005, sob a coordenação editorial de Wilson Castello de Almeida, tendo Murillo Viotti como diretor de publicação, a *RBP* ganhou prestígio na comunidade psicodramática pela regularidade de publicação e maior qualidade de seus artigos pelo bonito projeto gráfico. As diferentes seções da *RBP* aparecem nos novos números.

A *Revista Brasileira de Psicodrama*, publicação científica editada pela Diretoria de Divulgação e Comunicação, diretamente ligada à Presidência da Febrap, a partir do volume 13, número 2, ano de 2005, passou a ser assinada pelo terceiro e atual editor, Devanir Merengué, contando com uma nova diretora de publicação, Maria do Carmo E. Mazotta, e com um novo conselho editorial. O local de produção foi transferido para Campinas, São Paulo (Merengué, 2008).

Mensagem do atual editor: Devanir Merengué

Em 1970, eu mal tinha entrado na adolescência e era muito, mas muito, angustiado mesmo. A acne devastava minha cara, o tesão devastava minha vida. A família era pobre e as nossas questões mais importantes estavam ligadas ao fato de que tínhamos de sobreviver. Não havia escolha, os personagens "não tinham psicologia", apenas o cotidiano alienante que sugere o nadar sempre, não levando muito em conta tubarões e baleias que estão por todo o mar. Isso na seca e quente São José do Rio Preto, no interior de São Paulo.

Eu estudava no período noturno e trabalhava em uma livraria (depois de um empório e um hotel) durante o dia para pagar o aluguel da casa da família. No rádio de casa, a propaganda do governo militar dizia que "nunca fomos tão felizes". Não havia na minha vida presos políticos, tortura, guerrilha e muito menos desbunde e liberação sexual...

Havia um dia e depois o outro.

No final de semana, eu emprestava livros da livraria (com a condição de não dobrar, amassar, sujar) e passava esse tempo lendo Sartre e companhia. Eu era muito solitário.

Algum colega me emprestou [um disco do] Pink Floyd.

Em algum momento, na cidade, um grupo teatral apresentou *Hair* (o nu, pessoas nuas!), que eu, evidentemente, não vi.

Não. Eu nunca soube que houvera o V Congresso Internacional de Psicodrama e Sociodrama e o I Congresso Internacional de Comunidade Terapêutica no Masp em 1970. Nem sabia da existência de Moreno ainda.

Preciso, portanto, habitar o prédio do Masp com os discursos daqueles que lá passaram, colocar os personagens nas salas, dramatizando, o Georges Lapassade interferindo o tempo todo, *Living Theatre*... Enfim, o Congresso de 1970 existe no meu imaginário

Na condição de coordenador da Comissão Científica do XVII Congresso Brasileiro de Psicodrama e I Congresso Latino-Americano de Psicoterapia e Processos Grupais (2010) e editor da *Revista Brasileira de Psicodrama* desde 2005, não quero ser apenas um gerente da conserva cultural. Se o Congresso de 1970 tem um caráter transformador, creio que tenho direito de ser criador e não apenas o facilitador a garantir que as boas conservas sobrevivam.

Desse modo, meu enorme desejo é que o espírito dos anos de 1970 nos tome a todos e espalhe com intensidade o entusiasmo nas nossas atuais criações.

Faço isso pelo psicodrama, sim. Não tenho vergonha da minha militância. Mas faço especialmente por outros meninos e meninas, angustiados nos interiores desse país solitário, que têm como alimento apenas o horizonte azul, azul e distante... É para eles que dedico minha luta, com todo o carinho (Merengué, depoimento, 2010).

Tributo à memória dos mestres Uzeda e D'Alessandro

O psicodramatista Ronaldo Pamplona da Costa (2010) forneceu-nos um significante depoimento sobre a breve e rica trajetória do pioneiro Uzeda, reproduzido a seguir.

Pedro Paulo Uzeda Moreira

Pedro Paulo Uzeda Moreira nasceu em São Paulo em 1934. Seguindo os passos do pai, médico pneumologista, foi estudar medicina na Universidade de São Paulo, onde se formou em 1958, ano em que também se casou. Durante dez anos foi psiquiatra clínico do Hospital do Juqueri.

No Hospital do Juqueri, Uzeda esteve envolvido com as teorias positivistas do doutor Aníbal Silveira (com quem trabalhou também no Hospital Espírita de Itapira), que, entre outros, fundou a primeira residência médica psiquiátrica do Brasil registrada pelo MEC, além de ser autor de artigos e inúmeros livros.

Nos anos de 1960, a prática da psicanálise – e a da psicoterapia de grupo – estava restrita à capital paulista. Os profissionais que trabalhavam com a saúde mental eram os psiquiatras e o número de psicólogos era reduzido.

A chegada do psicodrama a São Paulo se deu oficialmente em 1968, com o início do curso de formação do psiquiatra e psicodramatista argentino Rojas-Bermúdez. Logo no início, 37 profissionais de várias instituições se reuniram com o doutor Bermúdez e oito foram eleitos representantes de cada uma delas. Uzeda, da primeira turma de formação, passou a representar o Hospital do Juqueri.

Dos oito psiquiatras escolhidos pelo grupo na reunião com o doutor Bermúdez em 1968, seis deles, incluindo Uzeda, passaram a constituir a diretoria do Grupo de Estudos de Psicodrama de São Paulo (GEPSP). Essa instituição, a primeira dedicada ao psicodrama no Brasil, existiu até o final de 1970. Entre outras funções, organizou e administrou o curso de formação, com duração de três anos, dado por Bermúdez e sua equipe, tanto na modalidade terapêutica como na pedagógica. Uzeda foi também secretário-geral do V Congresso Internacional de Psicodrama realizado no Masp (em São Paulo), em agosto de 1968, que contou com o doutor Aníbal Silveira em seu comitê de honra. Nessa ocasião, foram diplomados seis psicodramatistas didatas, dentre os quase duzentos alunos do doutor Bermúdez. Esse grupo se dividiu e fundou, em dezembro do mesmo ano, a Associação Brasileira de Psicodrama e Sociodrama (ABPS) e a Sociedade de Psicodrama de São Paulo (SOPSP).

Os três psicodramatistas didatas da SOPSP eram Uzeda, Antonio Carlos Cesarino e Laercio Lopes. Os didatas são responsáveis pela terapia dos alunos e supervisão de seus trabalhos práticos, além de professores de teoria e prática psicodramática. Atuam sempre em unidades funcionais, com egos-auxiliares didatas. Regina Marcondes, Yvone Matos Vieira, Laís Machado e Ana Deisy Gam trabalharam com Uzeda.

Uzeda foi um terapeuta muito criativo. Desenvolveu sobremaneira a vertente teatral dos seus psicodramas. Amante do teatro, ele cultivou amizades com atores de grande expressão, como Vianinha, Dina Sfat, Sérgio Mamberti e outros. Segundo seu filho Fernando, Uzeda sempre foi um homem de esquerda, e entre seus clientes estava o jornalista Vladimir Herzog, assassinado pela ditadura militar em 1975. Fernando continua: "O posicionamento que meu pai tomou diante da morte de Herzog, alegando sigilo profissional, foi decisivo para que fosse execrado pelos grupos de esquerda, que nunca o perdoaram por não ter se aproveitado da morte politicamente".

Após alguns anos de trabalho como didata da SOPSP, Uzeda resolveu criar o Grupo de Estudos de Psicodrama (GEP). Ao ministrar seu próprio curso, desligou-se da SOPSP.

Ainda nas palavras do filho Fernando – irmão de Ciça Manzano e Guilherme –, Uzeda foi "um cara inteligente, sensível, criativo e humano. Como tal, uma pessoa de conflitos e angústias".

Pedro Paulo Uzeda Moreira faleceu de infarto em 1983, aos 49 anos, em São Paulo.

Ronaldo Pamplona da Costa, amigo, colega e cliente por seis anos.

Na *Revista Brasileira de Psicodrama*, volume 2, fascículo 2, do ano de 1994, Annita Malufe escreveu um artigo sobre Uzeda, na seção "Nota Biobibliográfica", o qual está transcrito em parte, a seguir. Tomamos o cuidado de não repetir informações já mencionadas no depoimento de Ronaldo Pamplona da Costa.

Nota Biobibliográfica
Pedro Paulo Manzano Uzeda Moreira[1]

[...] O primeiro contato que Uzeda teve com Moreno e o psicodrama foi através de um número da revista *Sociatry* em 1957, época em que ele participava também do grupo de teatro que ele próprio havia fundado em 1955: o TPE (Teatro Popular do Estado). Essas experiências foram importantes e determinaram a direção dos "afetos artístico-científicos no sentido da psiquiatria, dentro da medicina..." para Uzeda.

Em 1960, quando conclui seu curso, foi nomeado médico do Hospital do Juqueri, onde permaneceu até 1964, quando se transferiu para o Hospital do Servidor Público Estadual, [lá permanecendo] até 1967.

A partir de 1968, a vida profissional de Uzeda se mescla com a história do movimento psicodramático brasileiro [...].

[...] Em 1969, na Argentina, durante o IV Congresso Internacional de Psicodrama e Sociodrama, Uzeda conheceu Moreno. Nessa ocasião, ficou decidido que o V Congresso Internacional de Psicodrama e Sociodrama seria em São Paulo, e Uzeda foi escolhido secretário-geral do congresso.

Foi membro fundador da SOPSP (Sociedade de Psicodrama de São Paulo) em 1970, onde deu aula, supervisão e participou de sua administração.

[...] Psicodramatista criativo e atuante, Uzeda apresentou diversos trabalhos em congressos, deu aulas e cursos, criou técnicas novas e chegou a propor conceituações teóricas dentro de suas experiências com novas práticas e técnicas em sua clínica.

---

1. Transcrição autorizada pela autora do texto e pelo editor da *Revista Brasileira de Psicodrama*.

Uzeda deixou escrito um livro inédito de 1980, em que ele procura "sintetizar os atuais conhecimentos de psiquiatria e psicodrama [...] na intenção de ensinar, como agradecimento aos meus mestres e consideração aos meus alunos". O livro está para ser editado.

José Manoel D'Alessandro

Tivemos o prazer de compartilhar com D'Alessandro momentos muito especiais. Pudemos conhecê-lo bem, calmamente, observando-o e ouvindo-o; ele tinha muito a dizer, a contar e a ensinar.

Nosso encontro se deu vários anos depois do grande Congresso de 1970; para sermos mais precisos, foi na década de 1990.

Começamos como alunos, seguimos como egos-auxiliares em aulas e outros trabalhos, até que, em 1995, ele nos convidou para a criação de uma trupe de teatro espontâneo na ABPS, que, mais tarde, para homenageá-lo, recebeu o nome de Companhia de Psicodrama Público e Teatro Espontâneo Daletribodrama.

Nessa época, realizávamos encontros semanais e um trabalho mensal, aberto à população, com a alternância de sessões de teatro espontâneo com sessões de psicodrama público.

D'Alessandro efetuava esse trabalho com imensa satisfação, e as discussões resultantes eram extremamente profícuas. Com ele desenvolvemos uma série de estudos, reflexões e análises que fariam parte de um livro, um de seus grandes objetivos.

Toda essa convivência nos propiciou conhecer um pouco mais do D'Ale; porém, antes de prosseguirmos a narrativa, cabe aqui apresentarmos um texto escrito pela psicodramatista Maria Rita D'Angelo Seixas, para a *Revista Brasileira de Psicodrama* (v. 13, n. 1, 2005), na seção "Nota Biobibliográfica", por ocasião de seu falecimento.

Nota Biobibliográfica
José Manoel D'Alessandro[2]

D'Ale, como era conhecido por todos, era psiquiatra, formado pela [Faculdade de] Medicina da USP.

Casou-se em 2 de janeiro de 1965, logo após se formar, com Maria Lucia Zoega de Souza, e em dois anos tiveram três filhos: André de Souza D'Alessandro e os gêmeos Marcos de Souza D'Alessandro e Paulo de Souza D'Alessandro.

Esse fato impediu-o de fazer residência em psiquiatria, porque o moço idealista, recém-formado, precisava trabalhar para sustentar os filhos, mas nunca reclamou por isso.

---

2. Transcrição autorizada pela autora do texto e pelo editor da *Revista Brasileira de Psicodrama*.

D'Ale era da Juventude Universitária Católica. Muito católico, quase entrou no seminário. Era bastante ativo na época da universidade, tendo uma atuação significativa como "jucista", no meio universitário.

Foi nessa época que o conheci, e nossos caminhos profissionais correram próximos durante muito tempo. Talvez por isso tenha sido convidada para falar sobre ele.

Interessante é que eu tive a sensação de conhecê-lo pouco quando Wilson Castello de Almeida, amigo comum, me deu essa incumbência, mas depois, quando fui falar com várias pessoas para preencher as minhas lacunas, todos diziam: "Eu conheci pouco o D'Ale na intimidade". Assim ele era. Preocupadíssimo em agregar as pessoas, muito gentil – nunca o vi discutindo com ninguém –, mas extremamente reservado com sua vida particular. Seu próprio filho Paulo, ao ser entrevistado por mim, comentou: "Eu sei pouco da família de meu pai e dele próprio. Ele quase não falava de si, embora fosse muito politizado e discutisse muito sobre temas políticos, além de ser um grande contador de histórias. Encantava a mim e aos meus amigos com isso. Todos nós o víamos muito mais como amigo do que como pai. Meu avô, sei que se chamava Jacyntho D'Alessandro. Era italiano da Calábria. Aprendeu o ofício de marceneiro e, quando veio para o Brasil, abriu uma casa de móveis estilo Luís XV, muito em moda na época, para pessoas da alta sociedade. Era muito bonachão, e querido por todos, mas meio ausente de casa, pois trabalhava muito. Minha avó, Marciana Ladeira D'Alessandro, era mineira de Juiz de Fora, costureira, muito severa e de princípios rígidos. Tiveram três filhos. Meu pai, meu tio Roberto, com quem tive pouco contato, e minha tia, que era muito bonita, tinha esquizofrenia e acabou morrendo cedo. Acho que por isso meu pai fez psiquiatria.

Meus avós residiram primeiro em Uberlândia e, quando vieram para São Paulo, foram morar na rua Aurora, que era um lugar de meretrício e bandidos. Meu pai conhecia todos e se dava com todos".

Fiquei imaginando se não foi esta a dicotomia vivida por nosso amigo: em casa, princípios muito severos; e na rua, amigos delinquentes, que o marcaram pela vida afora como uma figura bastante controversa, na vida pessoal e social.

Segundo Paulo, D'Ale casou-se com Malu, pessoa de princípios muito definidos, condizentes com os dele. "Mais tarde, meu pai foi fazendo um compromisso com sua própria verdade, passou a gostar muito de viver coisas novas profundamente e passou por uma época de transformações que levou ao término do casamento. Casou-se novamente e afastou-se um tempo de casa, mas nunca deixou os filhos. Quando se separou pela segunda vez, passou por um período de muita tristeza e, nessa época, aproximei-me muito dele. Vi quanto ele amava seus livros e gostava de história grega e mitologia. Sempre falava as coisas mais banais de forma muito séria. Desligava-se de tudo quando se concentrava em uma boa conversa. Penso que foi um bom terapeuta porque era muito pouco diretivo e respeitador, e me ajudava a resolver algumas situações de forma bem estratégica. Quando eu queria respostas, ele me dizia: 'Eu não tenho bola de cristal'. Por sinal, fiquei com uma bola de cristal que ele tinha e me deu de lembrança. Foi um pai muito inovador. Não era um pai nos moldes da sociedade. Criou uma forma própria de ser pai e preocupava-se muito com isso. Pouco antes de morrer, veio questionar se eu estava tranquilo com a forma de ser pai. Veio a viver com outra pessoa, com quem morou por dez anos, mais ou menos, mas nos dois anos antes de morrer já havia se separado novamente. No final, buscou refazer a amizade com minha mãe e estreitar os laços com todos nós. Era apaixonado pelo psicodrama, que viveu até o último momento" [...].

O texto da psicodramatista Maria Rita D'Angelo Seixas e as palavras de Paulo, filho de D'Alessandro, traduzem um pouco do D'Ale que conhecemos em uma convivência de catorze anos.

Um grande homem.

Controverso? Pode-se dizer que sim. Era sério, dedicado e exigente, mas agia sempre com paciência e leveza; refinado, mas muito simples e com um olhar bastante delicado para a simplicidade; e muito inteligente, pois, além dos assuntos que dominava, conhecia um pouco de tudo – porém, era humilde e acima de tudo estava sempre aberto para aprender.

Conversar era realmente um prazer para D'Ale, como ratificou seu filho. Quantas conversas tivemos sobre os mais diversos assuntos... E assim era possível conhecer D'Alessandro, suas crenças, sua paixão pelo psicodrama, pela vida.

Retomemos o texto de Maria Rita D'Angelo Seixas (2005):

[...] Lembro-me de que foi D'Alessandro quem fez minha entrevista de seleção para o [curso de] psicodrama, e, quando me formei, trabalhei como ego-auxiliar da Íris e do Soeiro no mesmo consultório que ele, até que me mudei para Brasília.
Todos foram unânimes em ressaltar seu espírito agregador e sua preocupação constante com a organização institucional do psicodrama. Participou desde o início da formação da Febrap. E nessa ocasião foi representante do curso do Departamento de Psicodrama do Sedes Sapientiae, quando Íris era a coordenadora. Mais tarde, foi o segundo presidente da ABPS, e sempre estava envolvido com alguma entidade formadora. Quando faleceu, era professor e supervisor da ABPS.
Apesar disso, aqui vem uma de suas contradições: mantinha a distância a maior parte das pessoas. Eram poucos os escolhidos afetivamente, embora fosse gentil com todos, trazendo muitas pessoas novas para trabalhar no consultório.
Em 1974, trabalhamos juntos novamente, por algum tempo, na Faculdade de Ciências Médicas da Santa Casa de Misericórdia de São Paulo, no Departamento de Psiquiatria, coordenado pelo professor Enzo Azzi.

Participou em todos os congressos de psicodrama com contribuições expressivas, e mesmo no último estava inscrito com um trabalho inovador de comunidade, mas a doença impediu-o de comparecer.

Soeiro conhece vários trabalhos dele e pensa que deveriam ser publicados, pois são muito bons. Um desses trabalhos é "O papel de acasalador", que pretendia apresentar no último congresso como: "Psicodrama, sexualidade e genitalidade: masculino, feminino, poder e transcendência". Outra produção importante apresentada em congresso de psicodrama foi "O duplo vínculo".

Com sua curiosidade intelectual peculiar, D'Alessandro fez também um curso de terapia familiar no Instituto Familiae e, há pouco tempo, procurou-me para fazer parte do Núcleo de Terapeutas Familiares, que dirijo na Universidade Federal de São Paulo, pois queria ver como eu ligava o trabalho com famílias ao psicodrama. [...]

[...] Ultimamente, estava muito envolvido com trabalho comunitário e realizando um sonho de toda a sua vida, que era tirar o psicodrama do consultório. Íris confirma isso, dizendo que ele foi um grande incentivador do psicodrama pedagógico e lutou muito para que fosse aberto para outros profissionais.

Segundo Lígia[3], formou um grupo de teatro espontâneo, sua última paixão, "Daletribodrama", e estava escrevendo um livro que se chamaria *As raízes do psicodrama*, mas que, infelizmente, não está pronto para ser editado.

O psicodrama perdeu, assim, um dos seus mais dedicados seguidores, que deixou muita saudade em todos que o conheceram.

D'Ale faleceu em 23 de agosto de 2004.

Quando D'Ale faleceu, deixou alguns projetos em andamento, dentre eles a trupe Daletribodrama, que uniu forças para continuar trabalhando em mais algumas apresentações. Entretanto, em 2006, seus integrantes optaram por viver seu luto solitariamente, pois em conjunto a dor era muito forte. Atualmente, com dificuldade, porém, com grande desejo, a trupe tenta resgatar esse trabalho.

Um ano após o falecimento de D'Alessandro, em 2005, a ABPS realizou um evento para homenageá-lo. A trupe Daletribodrama fez uma apresentação, resgatando uma de suas produções: o protocolo de Moreno intitulado "Psicodrama de um casal", e Vivien Bonafer Ponzoni (2005), psicodramatista e amiga de D'Ale, escreveu um texto para que fosse lido na abertura do evento, o qual transcrevemos a seguir. Vale mencionar que esse texto ajuda-nos a entrar em contato com a afetividade que D'Ale emanava.

---

3. Lígia Paula de Assis, psicodramatista, amiga e ego-auxiliar de D'Alessandro.

Aos aflitos, dizia: "Calma, calma..." Quem convivia com ele sabia o que essas palavras significavam. Pronunciadas, abriam caminho à esperança e o ouvinte vislumbrava uma saída lá na frente.

Assim meu grande amigo imprimia uma forma tolerante e delicada às suas relações.

Tratava as pessoas com um cuidado envolvente, e, com seu riso largo e um estardalhaço próprio da sua genética italiana, D'Alessandro seduzia seus interlocutores, tornando as conversas de roda sempre interessantes.

Era uma pessoa de hábitos simples à mesa, bebia pouco e comia frugalmente. Louco por um cafezinho, preferia salgados a doces. Sua paixão eram os livros e, com sua memória espantosa, os retinha como se os tivesse acabado de ler naquele instante. Adorava contar fatos e, habilidoso com as divergências, sabia ser um grande articulador. Quem neste mundo psicodramático não passou por suas supervisões ou não ouviu falar do seu nome? Palavras de estímulo, precisão de conceitos e fidelidade teórica faziam dele um dos mais competentes diretores de grupos terapêuticos.

D'Alessandro era uma figura encantadora e incansável na busca de algo novo.

Cauteloso, com olhos muito atentos, sabia esperar para expor seus pensamentos, o que lhe conferia um ar de serenidade que nem sempre correspondia ao seu interior muitas vezes inquieto.

Amante da música brasileira, buscava em Chico e Caetano a sensibilidade para seus devaneios. Sabia-lhes as letras e cantarolava suas músicas absorvendo a poesia que lhe dava ensejo para usá-la nos seus trabalhos terapêuticos.

Quem fruiu da sua intimidade sabe quanto D'Alessandro era entusiasmado com filosofia, arte, história, compondo todos esses conhecimentos ao tecer um jeito especial e competente de trabalho.

Profundo em suas reflexões, conseguia dar longo alcance até às palavras mais simples.

Sua busca pela vida passava pelas mulheres. Ah, as mulheres! Nelas buscava o aconchego e delas desejava os segredos. Inteligência era quase o primeiro atributo, depois vinham as pernas.

Apreciava uma boa conversa e não se furtava a um bom papo sobre política.

No jogo da sedução, era um especialista em se aproximar da alma feminina. Tudo acompanhado de um jeito simples, crítico, terno e fechado de levar a vida.

Não lhe faltavam presença nem energia. Um pai cuidadoso e atento, tornava seus filhos sempre presentes nas conversas mais íntimas. Avô de meninas, disse, quando do nascimento de sua primeira neta, que nada se comparava à emoção de ser avô e ver a perpetuação de sua família.

José, como era chamado pelos familiares, fez dos últimos tempos de sua vida um campo de afetos com sua família, reafirmando e refortalecendo seus vínculos com ela.

Esse querido amigo deixa-nos cedo. Passado um ano, fica-nos a lembrança da sua alegria [...].

Certamente, José Manoel D'Alessandro, nos encontraremos [...].

Notas atuais sobre os profissionais do grupo diretor do Congresso do Masp

As histórias continuam, mas o escopo de nosso livro abrange apenas algumas das muitas cenas do palco psicodramático, limitando-se ao período inicial dos anos de 1970. A psicodramatista Júlia Motta tem razão quando diz que não é possível, em um só livro, mencionar todos os acontecimentos e listar todos os nomes envolvidos nesse percurso. Faz-se necessário que outras pessoas contem mais episódios e forneçam novas versões da realidade vivida. Para estudos complementares, recomendamos a leitura do livro *Psicodrama brasileiro: histórias e memórias*, da citada Júlia Motta (2008).

Para encerrarmos este capítulo, apresentamos a seguir, brevemente, informações mais recentes sobre Bermúdez e os seis primeiros didatas diplomados no Congresso do Masp:

- Jaime G. Rojas-Bermúdez: depois de introduzir o psicodrama na América Latina, nas décadas de 1960 e 1970, em especial na Argentina, no Brasil e no Uruguai, promoveu, a partir de 1980, a formação de profissionais na Europa, principalmente na Espanha. Em 1995, seus formandos fundaram, em Madri, a Associação de Psicodrama e Psicoterapia de Grupo, a qual estabeleceu acordos de colaboração com a Associação Bahiana de Psicodrama e Psicoterapia de Grupo (Asbap). Em Barcelona, Bermúdez fundou a Associação de Psicodrama e Sociometria da Catalunha. Atualmente, vive em Sevilha, com sua esposa, Graciela Moyano, onde é um dos coordenadores do Centro de Psicodrama, Sociodrama e Psicodança, participando diretamente da formação teórica e prática.
- Alfredo Correia Soeiro: é sócio fundador da ABPS e foi o seu primeiro presidente. No Brasil, criou grupos de formação em psicodrama em Campinas (SP), Ribeirão Preto (SP), Campo Grande (MS), Fortaleza (CE) e Manaus (AM), além de São Paulo (SP). Em Portugal, realizou cursos de formação no Porto, Coimbra e Lisboa, que redundaram na fundação, em 1990, da Sociedade Portuguesa de Psicodrama (SPP), da qual é membro fundador e sócio honorário. Em 2010, a SPP promoveu o X Congresso Português de Psicodrama, evento com grande afluência de estudantes e profissionais da área psi, o que mostra o vigor e dinamismo do psicodrama em Portugal. Atualmente, Soeiro trabalha como psicoterapeuta em seu consultório em São Paulo. É autor dos livros *Psicodrama e psicoterapia* (1976), *Realidade emocional* (1999) e *Instinto de plateia* (2003).
- Laercio de Almeida Lopes: no início dos anos de 1970, participou da SOPSP, desligando-se do movimento psicodramático logo em seguida; porém, continua exercendo o papel de psicoterapeuta em São Paulo.

- Íris Soares de Azevedo: sócia fundadora da ABPS e primeira coordenadora do Departamento de Psicodrama do Instituto Sedes Sapientiae, está hoje aposentada, depois de ter lecionado por mais de trinta anos na PUC de São Paulo e divulgado o psicodrama por todas as instituições de que participou.
- Pedro Paulo Uzeda Moreira: psiquiatra, participou ativamente do corpo docente da SOPSP e, infelizmente, faleceu em abril de 1983.
- José Manoel D'Alessandro: saudoso fundador, professor e supervisor da ABPS, além de docente no Instituto Sedes Sapientiae, dedicou-se amplamente, nos últimos dez anos de vida (faleceu em 2004), à realização de sessões de teatro espontâneo e psicodrama público em congressos, na sede da ABPS e em outras instituições.
- Antonio Carlos Cesarino: exerce seu ofício de psicoterapeuta no espaço Daimon, é coautor do livro *A ética nos grupos: contribuição do psicodrama* (2002) e foi um dos primeiros coordenadores do projeto "Psicodrama no Centro Cultural São Paulo", onde, desde 2003, todos os sábados pela manhã, na sala Adoniran Barbosa, são realizadas sessões sociodramáticas, disponibilizadas gratuitamente à população, constituindo-se em um trabalho psicodramático elogiável e benéfico a todos os que dele participam.

Por fim, devemos registrar aqui que muitos alunos do antigo GEPSP e das primeiras escolas brasileiras de psicodrama são, na atualidade, profissionais renomados nas áreas da docência, da literatura científica e do ofício propriamente dito.

Instituições nacionais de psicodrama congratulam o V Congresso Internacional

Apresentamos a seguir depoimentos generosamente oferecidos pelas atuais presidentes da ABPS, SOPSP e Febrap sobre o V Congresso Internacional de Psicodrama.

Depoimento de Maria Aparecida Fernandes Martin

Psicodrama no Masp – 1970

Falar desse evento como presidente da Associação Brasileira de Psicodrama e Sociodrama (ABPS) é como folhear um álbum de fotos e rever minha árvore genealógica.

Ingressei nessa instituição em 1990; sua sede nessa época era na rua Ministro Godoy, próximo ao parque da Água Branca.

Durante a universidade, já havia caminhado pelas trilhas do psicodrama, de forma um pouco "marginal", pois essa abordagem não fazia parte da grade curricular, mas era possível conhecê-la em um curso opcional em horário extra.

Maravilhada com a proposta, fui em busca de uma formação em psicodrama na ABPS; aos poucos, conheci pessoas que com muita vitalidade e alegria viviam o psicodrama.

Em meio a teoria, vivências e grande afetividade, sempre uma história para contar com muito brilho no olhar. Assim fui conhecendo o V Congresso Internacional de Psicodrama, que aconteceu no Masp, por meio das vozes dos que estiveram lá e continuavam no movimento, firmes no cultivo das sementes que lá plantaram. Não estive lá, mas vivi no aqui e agora muitas das emoções lá experimentadas. Agradeço profundamente aos meus mestres por essa oportunidade!

Permiti-me um forte envolvimento com a ABPS, seguindo o modelo desses mestres, que eu admiro, e lá fui, de alguma forma ajudando na escrita de sua história.

Assisti ao momento em que a ABPS alcançou sua maioridade – 21 anos –, com uma grande festa científica, e hoje a vejo atingir a maturidade – 40 anos –, numa busca contínua de aprimoramento e desenvolvimento de seus saberes e afetos.

Ao comemorarmos esse aniversário, comemoramos também a ousadia e entusiasmo daqueles que trouxeram o psicodrama e fizeram que permanecesse no Brasil, enfrentando todas as adversidades da época. Reconhecemos nas ações daqueles que fizeram da alegria e crença nessa forma de ver o mundo e viver nele o motivo principal para continuarmos. Um brinde à saúde das relações, à espontaneidade, ao "Encontro".

Um brinde aos pioneiros, aos fundadores das instituições formadoras em psicodrama, um brinde aos seus seguidores, um brinde a todos que nesses quarenta anos fizeram do psicodrama mais do que uma ferramenta de trabalho.

Imaginar cerca de três mil pessoas juntas construindo e vivendo emoções, pensamentos e ações é algo que por si só merece uma grande comemoração; mas não acabou aí, hoje colhemos os frutos desse trabalho e replantamos as sementes para dar continuidade a esse projeto – ato fundador –, que começou no Masp em 1970, mas não tem tempo nem lugar para terminar, existirá para sempre, enquanto continuarmos a contar e a escrever essa história, a nossa história, a história do psicodrama e dos psicodramatistas brasileiros.

Eis o nosso desafio!

Como presidente da ABPS, o que muito me honra, agradeço e saúdo a cada um que escreveu e escreve a cada dia essa história.

Maria Aparecida Fernandes Martin
Presidente da ABPS
Gestão 2009-2010

Depoimento de Maria Célia Malaquias

Masp 1970: o psicodrama

Em primeiro lugar, quero agradecer aos colegas da ABPS e parabenizá-los pela iniciativa deste projeto. É uma bela maneira de brindarmos os 40 anos do inesquecível V Congresso Internacional de Psicodrama, e nossas instituições pioneiras de psicodrama no Brasil, ABPS e SOPSP.

Para mim, falar desse momento da história do psicodrama brasileiro é rever o início da minha trajetória, em 1988.

Ao chegar à SOPSP, na rua Doutor Seng, fui surpreendida pela recepção calorosa, envolvendo as funcionárias da secretaria e outras tantas pessoas que se encontravam pelo jardim, corredores e salas. Chamavam-me a atenção o ambiente alegre e o convívio entre professores e alunos, supervisores e supervisionandos, terapeutas e clientes. Não entendia muitas coisas do que via e ouvia, mas me sentia muito bem naquele ambiente alegre, descontraído. Meu encantamento aumentava à medida que tomava conhecimento da história do psicodrama no Brasil e ia me identificando com as ideias de Moreno.

Como eu não estive no Congresso de 1970, busco em minha memória o que pude aprender diretamente com alguns dos nossos sócios fundadores, que permanecem nossos associados e tiveram um papel preponderante. Dentre eles, gostaria de destacar os nomes de Antonio Carlos Cesarino, Aníbal Mezher, Érika Strack, José Fonseca, Içami Tiba, Miguel Perez Navarro.

Assim, tento resgatar o significado desse grande encontro coletivo, que envolveu não só os psicodramatistas da época, mas também um grande número de pessoas de diferentes lugares e nacionalidades, que tinham em comum o clamor por liberdade.

Esse congresso apresenta-se como um divisor de águas, um movimento de quebra de paradigmas, e traz para o palco psicodramático cenas do cotidiano das relações de um povo oprimido, desapropriado de si mesmo.

Poucas vezes, diferentes áreas (saúde, educação e cultura) se encontraram num processo de abertura e interação, revelando um movimento espontâneo-criativo, experimentando a força criadora e a consciência de grupo.

Ao rever nosso percurso ao longo desses quarenta anos, junto-me às diferentes gerações de psicodramatistas para homenagear esse grupo que acreditou no sonho moreniano e lutou bravamente para torná-lo realidade.

Temos o privilégio não só de homenageá-los, mas também de continuar aprendendo com muitos deles, um aprendizado contínuo que possibilita que ampliemos nossas interações, aqueçamos nosso coração e lembremos que, ao sonharmos juntos, podemos fazer acontecer.

Esse grupo de desbravadores deixou um legado que nos direciona ao compromisso de continuar nossas práticas nos locais em que elas se fazem presentes, em especial no atendimento à comunidade.

As comemorações dos 40 anos nos lembram, também, que, se chegamos até aqui, é porque o movimento de abertura permaneceu; muitos outros chegaram, deram suas contribuições, ajudaram a formar várias gerações de psicodramatistas, que dão sustentabilidade às nossas instituições, num contínuo processo de coparticipação, coconstrução e coexistência.

Hoje, eu tenho a honra de ser presidente da SOPSP, e, junto com uma equipe da nova geração de sócios, busco zelar por esse importante legado conquistado por nossos fundadores, que contou e conta com a contribuição e o zelo de muitos outros ao longo desses quarenta anos. Nossa sede continua na Bela Vista, agora na rua Almirante Marques Leão, 777. Tentamos avançar, atualizar nossas ações, num entrelaçamento que visa envolver as diferentes gerações de associados, nos nossos cursos de formação, de educação continuada, nos atendimentos à população, nas áreas psicoterapêutica e socioeducacional. Procuramos ampliar nosso diálogo com a sociedade e com a comunidade psicodramática nacional e internacional.

Entendo que nossas instituições representam a resposta criativa de um grupo de pessoas competentes e apaixonadas pelo psicodrama. Talvez seja este o grande legado que recebemos: a possibilidade de criar, renovar e ampliar; que possamos seguir levando em conta nossas singularidades e multiplicidades, aprendendo com nossas diferenças, inspirando-nos na diversidade brasileira de ser e de viver.

Maria Célia Malaquias
Presidente da Diretoria Executiva
Gestão 2009-2010

Depoimento de Adelsa Cunha

Comentário sobre o Congresso do Masp de 1970

Ó Deus,
Esta é a minha oração:
Te dou graças,
Porque nasci.
Te dou graças,
Porque nasceu minha mãe.
Te dou graças,
Porque nasceu meu pai.
Te dou graças,
Porque nasceu meu filho.
Te dou graças,
Porque Tu criaste
Nascimento após nascimento, após nascimento,

> *Ancestral depois de ancestral,*
> *Vilas, cidades, continentes,*
> *Planetas e estrelas,*
> *Até que eu, em pessoa, chegasse a nascer*
> *Aqui-e-agora para Te louvar*
> *E a Ti dar graças.*
>
> J. L. Moreno (1992)

Parto das palavras de Moreno para falar de minha sensação, no aqui e agora de 2010, a respeito do congresso ocorrido no Masp em 1970. Sinto-me como herdeira daquele momento, daquelas pessoas, e hoje tento continuar com a mesma ética, dignidade e respeito à tarefa de buscar a transformação social por intermédio da metodologia psicodramática.

Creio que jamais tivemos outro evento com tal impacto e repercussão! E as consequências daqueles dias estão vivas e pujantes hoje no movimento psicodramático.

Escrevo aqui no papel de presidente da Federação Brasileira de Psicodrama, entidade sem fins lucrativos que nasceu em 1976, quando as escolas de psicodrama – efetivamente estruturadas a partir de 1970 – já tinham se espalhado por vários estados brasileiros, havendo a necessidade de uma entidade que pudesse congregar as diversas formas de se fazer e pensar o psicodrama.

Trinta e quatro anos depois, eu estou aqui, neste lugar, com a sensação de que sou muito pequena diante daqueles que me antecederam. Pergunto-me se tenho a ousadia dos que fizeram o congresso do Masp ou todo o saber daqueles que me antecederam neste cargo. Mas se tenho algum temor, ele se dissipa diante da convicção aprendida com Moreno de que o grupo é soberano, e se ele aqui me colocou é porque é aqui que eu devo estar!

Certamente, estou aqui para louvar aqueles que em 1970 enfrentaram a todos (psicanalistas, policiais, regime militar, brigas internas e sei lá mais que adversidades) para fazer o congresso acontecer e se mantiveram firmes quando as críticas vieram; tiveram coragem para dar continuidade às conquistas que somaram; e aceitaram dividir os seus ganhos e o seu fazer com outros tantos que, por sua vez, também seguiram semeando a semente do psicodrama.

Também, para louvar aqueles que fundaram as duas primeiras entidades de formação em psicodrama – a SOPSP e a ABPS –, entidades essas que hoje, quarenta anos depois, ainda são suficientemente jovens para buscar as novidades e para tentar incorporá-las, mantendo-se criativas e produtivas tanto na formação de novos psicodramatistas quanto na produção científica do psicodrama.

Ainda, para louvar a todas as outras escolas federadas – e são perto de cinquenta – em todo o Brasil, que continuam lutando para manter viva a verdade na qual acreditamos, levando o psicodrama a todos os lugares onde possa estar: ruas, praças, escolas, clínicas, comunidades, organizações...

Da mesma forma, para louvar a todos aqueles que construíram a Febrap, também herdeiros da garra e da ousadia dos pioneiros, conquistando um lugar de destaque para o psicodrama brasileiro no cenário mundial. Hoje temos espaço distinto tanto na comunidade ibero-americana quanto na Associação Internacional de Psicoterapia de Grupo.

Igualmente, para louvar a todos os meus companheiros na Diretoria Executiva da Febrap, que aceitaram junto comigo o desafio assustador de, em 2010, quatro décadas depois, tentarmos ser ousados a ponto de criar um congresso novo, integrando as novas tecnologias, a fim de que todos aqueles que desejam discutir e aprofundar as questões teóricas do psicodrama possam ter espaço, presencial ou virtual, para se manifestar e se enriquecer.

Enfim, para louvar a todos aqueles que, como eu, têm orgulho de ser psicodramatistas e, no seu dia a dia profissional, honram os seus ancestrais e trabalham pela melhoria da realidade na qual vivem.

Assim, se não fosse o congresso do Masp em 1970, provavelmente nada disto existiria, nenhum de nós estaria neste lugar. Portanto, parafraseando o nosso mestre, eu digo a todos os organizadores do Congresso de 1970:

Porque vós criastes
Congresso após congresso,
Psicodrama após psicodrama,
Sociodrama após sociodrama,
Professor depois de professor,
Escola depois de escola,
Nos bairros, cidades e estados,
No Brasil e no exterior,
Um psicodrama vivo,
Até que eu, em pessoa, chegasse a nascer
Aqui-e-agora para vos louvar
E a vós dar graças!

Adelsa Maria Alvarez Lima da Cunha
Presidente da Febrap
Gestão 2009-2010

4 AS PALAVRAS DOS FILHOS

O que seria de TI,
se EU não existisse?
O que seria de MIM,
se TU não existisses?

J. L. Moreno (1992)

Ode aos pioneiros

Aos nossos mestres, queremos dedicar a nossa eterna gratidão, legitimando-os como valiosos expoentes, responsáveis pela prática da semeadura do psicodrama brasileiro.

Ao entrar em contato com o psicodrama, cada indivíduo desencadeia alguma transformação em seu interior e em suas relações interpessoais. Portanto, caro leitor, imagine quantas pessoas e lugares foram afetados pela ação desses imortais precursores, perpetuando a história.

E também imagine quantos frutos fecundos e proveitosos amadureceram, capacitando gerações para o estudo, a formação e a prática profissional até a atualidade. Hoje temos em torno de cinquenta escolas de psicodrama espalhadas pelo Brasil, mais de quatro mil psicodramatistas profissionais formados e uma federação nacional de psicodrama – a Febrap, fundada em 1976. Tudo isso nos credencia como sede da maior comunidade organizada de psicodramatistas do mundo.

Graças a Moreno e, especialmente, a esses precursores, que, com sua singela genialidade e humanidade, marcaram para sempre a história do psicodrama brasileiro, hoje podemos contar com esse método de trabalho e seu arcabouço teórico, seu conjunto de técnicas e sua filosofia.

Segundo Guimarães Rosa, em *Grande sertão: veredas* (1956), "a flor do amor tem muitos nomes"; isso nos remete a nossos professores, flores humanas, por quem temos um profundo sentimento de respeito e admiração.

A eles, que difundiram o psicodrama e transcenderam o estudo teórico e técnico, promovendo a aprendizagem da vivência e do amadurecimento nas relações sociais, o nosso muito obrigado.

Ao ampliarmos o conhecimento do percurso histórico vivido por eles, imediatamente sentimo-nos estimulados a olhar para os caminhos trilhados, verificando quanto nossos sonhos, nosso empenho, nossa tolerância e nossa capacidade de amar têm pautado a nossa atividade profissional.

E com base no que escreve o psicólogo Alfeu Marcatto (1994), constatamos que, na origem do movimento psicodramático brasileiro, eles abriram sólidos caminhos, utilizando-se de quatros elementos: amor, dedicação, constância e prazer. Esses elementos são fundamentais para tudo que se deseja realizar, além de facilitarem a execução das mudanças necessárias para uma vida melhor.

Recuperar a história e as raízes psicodramáticas equivale a, constantemente, *restaurar* a si mesmo, os relacionamentos interpessoais, os grupos sociais, o povo, a cultura, os referenciais teóricos, a identidade brasileira e a do psicodrama, resgatando o brilho original de seu potencial espontâneo e criador.

Moreno, que via no Brasil "um terreno psicossociológico favorável" para a implantação e expansão do psicodrama, não se frustrou, uma vez que nosso país não só acolheu como também desenvolveu amplamente sua inovadora proposta metodológica, sobretudo a partir da década de 1960.

E nessa história, em que se insere a sociedade brasileira, existe um laço entre o psicodrama e o Masp, e entre todos os participantes, imortalizados pelos seus afetos, saberes e ações construtivas.

Pensamos como Jaime Rojas-Bermúdez: acreditamos que nossa atual missão, em especial no que diz respeito ao psicodrama, é derrubar os muros, se ainda existirem, e continuar a coconstruir *pontes* de informação, elaboração e comunicação entre a história do passado e a do presente, e entre estas e a que se estabelecerá nos caminhos do futuro, aproximando-nos a todos, rumo "à concretização do ambicioso e visionário sonho de Moreno: a consolidação de um poderoso movimento psicodramático amplamente afiançado no plano das ciências humanas" (Rojas-Bermúdez, 1984).

EPÍLOGO
– A GENIALIDADE DE LINA BO BARDI

Apresentamos a seguir um croqui feito por Lina Bo Bardi para a construção do projeto cênico do Congresso de Psicodrama de 1970. Destacam-se a famosa arquibancada em forma de ferradura e as salas de madeira construídas para a apresentação de trabalhos.

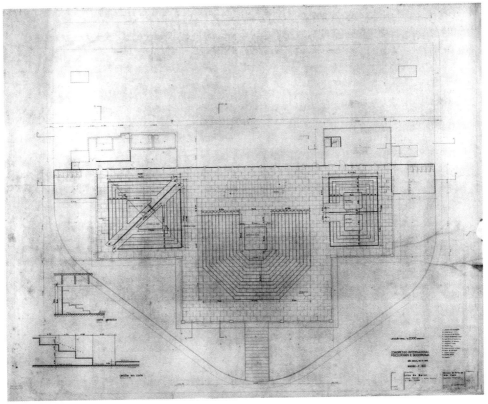

© Instituto Lina Bo e P.M. Bardi, São Paulo, Brasil. Fotógrafo: Henrique Luz.

REFERÊNCIAS BIBLIOGRÁFICAS

AGUIAR, M. (coord.). *O psicodramaturgo J. L. Moreno, 1889-1989*. São Paulo: Casa do Psicólogo, 1990.
ALMEIDA, W. C. *Psicoterapia aberta: o método do psicodrama*. São Paulo: Ágora, 1982.
_____. *Moreno: encontro existencial com as psicoterapias*. São Paulo: Ágora, 1991.
_____. "Editorial". *Revista Brasileira de Psicodrama*, São Paulo, v. 2, fasc. 1, 1994.
ALVES, L. H. *Instituição psicodramática: gênese de uma escola*. 1988. Dissertação (Mestrado) – Faculdade de Medicina, Universidade de São Paulo, São Paulo.
CESARINO, A. C. "Brasil 70: psicodrama antes e depois". In: ALMEIDA, W. C. (org.). *Grupos: a proposta do psicodrama*. São Paulo: Ágora, 1999.
_____. "Psicodrama na rua". In: COSTA, R. P. (org.). *Um homem à frente de seu tempo: o psicodrama de Moreno no século XXI*. São Paulo: Ágora, 2001.
_____. "A questão do sigilo nos grupos psicodramáticos". In: CESARINO, A. C. et al. *A ética nos grupos: contribuição do psicodrama*. São Paulo: Ágora, 2002.
COIMBRA, C. *Guardiães da ordem: uma viagem pelas práticas psi do Brasil do milagre*. Rio de Janeiro: Oficina do Autor, 1995.
COSTA, R. P. "A chegada do psicodrama no Brasil: sua história de 1960 a 1970". *Revista Brasileira de Psicodrama*, São Paulo, v. 9, n. 2, 2001.
D'ALESSANDRO, J. M. "Psicodrama. O que é isso?" *O Protagonista*, São Paulo, Associação Brasileira de Psicodrama e Sociodrama, 1999.
DIAS, V. R. C. S.; TIBA, I. *Núcleo do eu*. São Paulo, 1977 (monografia).
DÓRIA, C. S. *Psicologia do ajustamento neurótico*. 5. ed. Petrópolis: Vozes, 1983.
DUPRAT, C. *Museu de Arte de São Paulo Assis Chateaubriand – Masp*. São Paulo/Rio de Janeiro: Folha de S.Paulo/Mediafashion, 2009 (Coleção Grandes Museus do Mundo, n. 8).
FAUSTO, B. *História concisa do Brasil*. São Paulo: Edusp/Imprensa Oficial do Estado, 2001.
FLEURY, H. J.; KHOURI, S.; HUG, E. (orgs.). *Psicodrama e neurociência: contribuições para a mudança terapêutica*. São Paulo: Ágora, 2008.
FONSECA, J. S. "As origens do movimento psicodramático brasileiro". São Paulo, Daimon (texto baseado em entrevista realizada em 3 jun. 1993, no Daimon – Centro de Estudos do Relacionamento, por Carlos Borba, Andrea Capelato, Ronaldo Pamplona da Costa e Vera C. M. Pereira).
_____. "Entrevista de José Fonseca Filho". São Paulo, projeto Memória do Psicodrama no Brasil (texto baseado na entrevista realizada em 19 set. 1996, por Ronaldo Pamplona da Costa).
KNOBEL, A. M. *Moreno em ato: a construção do psicodrama a partir de suas práticas*. São Paulo: Ágora, 2004.
MACHADO, L. "Editorial". *Revista da Febrap*, São Paulo, ano 1, n. 1, 1977.
MALAQUIAS, M. C. *Revisitando a africanidade brasileira: do teatro experimental do negro, de Abdias do Nascimento, ao protocolo problema negro-branco, de Moreno*. 2004. Monografia para a obtenção do título de professora supervisora – Sociedade de Psicodrama de São Paulo, São Paulo.

Malufe A. "Pedro Paulo Manzano Uzeda Moreira". *Revista Brasileira de Psicodrama*, São Paulo, v. 2, fasc. 2, 1994.

Marcatto, A. *O salto: um guia para a solução dos seus problemas pessoais*. São Paulo: STS, 1994.

Marineau, R. F. *Jacob Levy Moreno, 1889-1974: pai do psicodrama, da sociometria e da psicoterapia de grupo*. São Paulo: Ágora, 1992.

Merengué, D. "Uma história da *Revista Brasileira de Psicodrama*: a viagem, com partida, algumas pequenas paradas e as estações futuras". In: Motta, J. M. C. (org.). *Psicodrama brasileiro: histórias e memórias*. São Paulo: Ágora, 2008.

Moreno, J. L. *As palavras do pai*. Trad. José Carlos Landini e José Carlos Vítor Gomes. São Paulo: Psy, 1992.

_____. *J. L. Moreno: autobiografia*. Trad. Luiz Cuschnir. São Paulo: Saraiva, 1997.

_____. *Quem sobreviverá? Fundamentos da sociometria, da psicoterapia de grupo e do sociodrama*. Trad. Moysés Aguiar. São Paulo: Daimon, 2008 (edição do estudante).

Motta, J. M. C. *A psicologia e o mundo do trabalho no Brasil: relações, história e memória*. São Paulo: Ágora, 2005.

_____. "O psicodrama (1949-2006) durante a industrialização, a ditadura e a redemocratização do Brasil". *Revista Brasileira de Psicodrama*, São Paulo, v. 14, n. 2, 2006.

_____ (org.). *Psicodrama brasileiro: histórias e memórias*. São Paulo: Ágora, 2008.

Motta, J. M. C.; Davoli, M. A. "Fatos do psicodrama no Brasil". *Revista Brasileira de Psicodrama*, São Paulo, v. 4, ano 7, 1984.

Navarro, M. P. "Caminhos e descaminhos do poder no psicodrama no Brasil". Salvador, 1988 (texto baseado em palestra proferida no VI Congresso Brasileiro de Psicodrama, em Salvador, Bahia).

Ponzoni, V. B. "José Manoel D'Alessandro". São Paulo, 2005 (texto escrito em homenagem ao citado psicodramatista).

Reich, W. *A revolução sexual*. 6. ed. Rio de Janeiro: Zahar, 1980.

Rojas-Bermúdez, J. G. *Títeres y psicodrama*. Buenos Aires: Genitor, 1970a.

_____. *Cuadernos de psicoterapia*. Buenos Aires: Genitor, 1970b.

_____. *Psicodrama*. São Paulo: GEPSP, v. 1, 1970c.

_____. *Introdução ao psicodrama*. 3. ed. São Paulo: Mestre Jou, 1980.

_____. *¿Qué es el psicodrama?* 4. ed. Buenos Aires: Celsius, 1984.

_____. *Teoría y técnica psicodramáticas*. Buenos Aires: Paidós, 1997.

Romaña, M. A. *Psicodrama pedagógico*. 2. ed. São Paulo: Papirus, 1987.

_____. *Do psicodrama pedagógico à pedagogia do drama*. São Paulo: Papirus, 1996.

Seixas, M. R. D. "José Manoel D'Alessandro". *Revista Brasileira de Psicodrama*, São Paulo, v. 13, n. 1, 2005.

Silva, H. O. "A história e o desenvolvimento do psicodrama socioeducacional no Brasil". In: Marra, M. M.; Fleury, H. J. (orgs.). *Grupos: intervenção socioeducativa e método sociopsicodramático*. São Paulo: Ágora, 2008.

Soeiro, A. C. *Psicodrama e psicoterapia*. São Paulo: Natura, 1976.

_____. *Realidade emocional: ajudando o homem a conquistar a realidade desejada*. São Paulo: Senac, 1999.

_____. *Instinto de plateia*. Brasília: Círculo de Giz, 2003.

Tavares, F. *Memórias do esquecimento: os segredos dos porões da ditadura*. Ed. ampl. Rio de Janeiro: Record, 2005.

Weil, P. *Psicodrama*. Rio de Janeiro: Cepa, 1967.

Entrevistas

Azevedo, I. S. Entrevista concedida em São Paulo, 2008.

Cesarino, A. C. Entrevista concedida em São Paulo, 2008.

Fonseca, J. S. Entrevista concedida em São Paulo, 2009.

Malufe, A. B. C. Entrevista concedida em São Paulo, 2009.

Monteiro, R. F. Entrevista concedida em São Paulo, 2010.

Rojas-Bermúdez, J. G. Entrevistas por e-mail, 2008 e 2009.

Silva, H. O. Entrevistas concedidas em São Paulo, 2009.

Soeiro, A. C. Entrevistas concedidas em São Paulo, 2008 e 2009.

Depoimentos

Costa, R. P. "Pedro Paulo Uzeda Moreira, um dos pioneiros". São Paulo, 2010.
Dias, V. R. C. S. "Bermúdez e a análise psicodramática". São Paulo, 2010.
Rojas-Bermúdez, J. C. Depoimento, por e-mail, sobre o curso do GEPSP. Sevilha (Espanha), 2008.
Soeiro, A. C. Depoimento 1: "A interação com Lapassade". São Paulo, 2010.
_____. Depoimento 2: "O desentendimento entre Bermúdez e Moreno". São Paulo, 2010.
_____. Depoimento 3: "O Congresso de Tóquio". São Paulo, 2010.

Depoimentos sobre o V Congresso Internacional de Psicodrama

Aguiar, M. Depoimento por e-mail, São Paulo, 2010.
Cunha, A. Depoimento por e-mail, São Paulo, 2010.
Gaudêncio, P. Depoimento por e-mail, São Paulo, 2010.
Granato, L. M. Depoimento por e-mail, São Paulo, 2010.
Malaquias, M.C. Depoimento por e-mail, São Paulo, 2010.
Malufe, A. B. C. Depoimento por e-mail, São Paulo, 2010.
Martin, M. A. F. Depoimento por e-mail, São Paulo, 2010.
Merengué, D. Depoimento por e-mail, São Paulo, 2010.
Mezher, A. Depoimento por e-mail, São Paulo, 2010.
Monteiro, R. F. Depoimento por e-mail, São Paulo, 2010.
Romaña, M. A. Depoimento por e-mail, Córdoba (Argentina), 2010.
Tiba, I. Depoimento por e-mail, São Paulo, 2010.

Vídeos do acervo da Febrap (projeto Memória do Psicodrama no Brasil)

Vídeo 1: trechos de entrevistas realizadas em 1993, gravadas por Carlos Borba, com:
- Íris Soares de Azevedo (psicóloga), por Annita Malufe;
- Antonio Carlos Cesarino (psiquiatra), por Laís Machado;
- Alfredo Correia Soeiro (psiquiatra), por Annita Malufe;
- José Manoel D'Alessandro (psiquiatra), por Annita Malufe.
- Laercio de Almeida Lopes (psiquiatra), por Ronaldo Pamplona.

Vídeo 2: trechos de entrevistas realizadas entre 1996 e 1998, gravadas por Carlos Borba, com:
- Miguel Navarro (psiquiatra), por Oswaldo Di Loreto;
- José Fonseca Filho (psiquiatra), por Ronaldo Pamplona da Costa;
- Regina Monteiro (psicóloga), por Angela de Lucca;
- Juliana Flores (psicóloga), por Marcia Almeida Batista;
- José Carlos Landini (psiquiatra), por Luis Amadeu Bragante;
- Içami Tiba (psiquiatra), por Luis Amadeu Bragante.

Vídeos do acervo da ABPS

Vídeo 3: *Encontro: Íris Soares de Azevedo e o psicodrama*, com roteiro e direção de Vera Márcia de Lima, produzido pela ABPS, em 1994.
Vídeo 4: *Entrevista com José Manoel D'Alessandro*, por Vivien Bonafer Ponzoni, São Paulo, 1984.
Vídeo 5: *Conferência magna: atualizando a cena*, produzido pela TV MED, no XI Congresso Brasileiro de Psicodrama, Campos do Jordão (SP), 1998.
Vídeo 6: *Temas em debate: resgate da história do psicodrama no Brasil*, com Madalena Cabral Rehder e Carlos Borba, produzido pela TV MED, no XII Congresso Brasileiro de Psicodrama, Águas de São Pedro (SP), 2000.

Sites

www.febrap.org.br
www.getep.com.br
www.masp.art.br